现代汉语的教学现状及发展路径探索

李培涛　著

北京工业大学出版社

图书在版编目（CIP）数据

现代汉语的教学现状及发展路径探索 / 李培涛著.
— 北京 ：北京工业大学出版社， 2021.11
ISBN 978-7-5639-8172-4

Ⅰ．①现… Ⅱ．①李… Ⅲ．①现代汉语－教学研究
Ⅳ．① H109.4

中国版本图书馆 CIP 数据核字（2021）第 228481 号

现代汉语的教学现状及发展路径探索
XIANDAI HANYU DE JIAOXUE XIANZHUANG JI FAZHAN LUJING TANSUO

著　　者：李培涛
责任编辑：郭志霄
封面设计：知更壹点
出版发行：北京工业大学出版社
　　　　　（北京市朝阳区平乐园 100 号　邮编：100124）
　　　　　010-67391722（传真）　bgdcbs@sina.com
经销单位：全国各地新华书店
承印单位：涿州汇美亿浓印刷有限公司
开　　本：710 毫米 ×1000 毫米　1/16
印　　张：11
字　　数：220 千字
版　　次：2023 年 9 月第 1 版
印　　次：2023 年 9 月第 1 次印刷
标准书号：ISBN 978-7-5639-8172-4
定　　价：60.00 元

作者简介

李培涛，男，1979 年 12 月出生，河南省新乡市人，毕业于北京师范大学，博士研究生学历，现为首都经济贸易大学讲师。研究方向：汉语言文字学。参与国家社科基金重大项目 1 项、国家社科基金重点项目 1 项、北京市社科规划一般项目 1 项，独立主持并完成校级科研项目、教学项目各 1 项，获市级教学奖 1 项、校级教育教学成果奖 1 项。

前　言

　　随着我国教育教学体制改革的不断推进，现代汉语课程的教学也要与时俱进，转变陈旧的教学思路以及教学模式，为学生提供具有创新性以及特色化的教学方案，引导学生将现代汉语的知识灵活地应用到实际中，强化学生的核心素养。开设现代汉语这门课的目的就是提高学生在听、说、读、写等语言实践活动中的理解、分析和运用母语的能力，可目前我国现代汉语教学的实际效果与人们所期望的目标有着相当大的距离。因此，我们应该针对目前在现代汉语教学中存在的问题，进行现代汉语教学的改革创新，以提高现代汉语教学的效率。

　　本书第一章的内容为现代汉语的理论研究成果及发展前景，主要介绍了现代汉语的理论研究成果及现代汉语研究的发展前景。第二章的内容为现代汉语教学现状分析，主要从三个方面进行了介绍，分别为现代汉语概述、现代汉语教学概述、现代汉语教学存在的问题及对策。第三章的内容为现代汉语教学创新发展路径探索，主要介绍了现代汉语教学创新发展的路径、现代汉语教学创新实践方案。第四章的内容为问题教学法在现代汉语教学中的应用，主要从三个方面进行了介绍，分别为问题教学法概述、现代汉语教学中应用问题教学法的途径、问题教学法对现代汉语教学的影响。第五章的内容为基于现代汉语特点的语法教学优化策略，主要从四个方面进行了介绍，分别为汉语语法的特点、现代汉语语法教学内容优化策略、现代汉语语法教学模式优化策略、现代汉语语法教学方法优化策略。第六章的内容为基于信息技术的现代汉语教学实践，主要从四个方面进行了介绍，包括转变教育观念，发挥信息技术的优势；灵活运用信息技术；信息技术在现代汉语教学中的应用；网络语言对现代汉语教学产生的影响。

　　在撰写本书的过程中，作者得到了许多专家学者的帮助和指导，参考了大量的学术文献，在此表示真诚的感谢。本书内容系统全面，论述条理清晰、深入浅出，但由于作者水平有限，书中难免会有疏漏之处，希望广大同行及时指正。

目　录

第一章　现代汉语的理论研究成果及发展前景 ·············· 1

　　第一节　现代汉语的理论研究成果 ·············· 1

　　第二节　现代汉语研究的发展前景 ·············· 38

第二章　现代汉语教学现状分析 ·············· 40

　　第一节　现代汉语概述 ·············· 40

　　第二节　现代汉语教学概述 ·············· 52

　　第三节　现代汉语教学存在的问题及对策 ·············· 65

第三章　现代汉语教学创新发展路径探索 ·············· 72

　　第一节　现代汉语教学创新发展的路径 ·············· 72

　　第二节　现代汉语教学创新实践方案 ·············· 75

第四章　问题教学法在现代汉语教学中的应用 ·············· 99

　　第一节　问题教学法概述 ·············· 99

　　第二节　现代汉语教学中应用问题教学法的途径 ·············· 109

　　第三节　问题教学法对现代汉语教学的影响 ·············· 116

第五章　基于现代汉语特点的语法教学优化策略 ·············· 123

　　第一节　汉语语法的特点 ·············· 123

　　第二节　现代汉语语法教学内容优化策略 ·············· 131

　　第三节　现代汉语语法教学模式优化策略 ·············· 137

　　第四节　现代汉语语法教学方法优化策略 ·············· 139

第六章 基于信息技术的现代汉语教学实践 …………………………… 145

　　第一节 转变教育观念，发挥信息技术的优势 ………………… 145

　　第二节 灵活运用信息技术 ……………………………………… 147

　　第三节 信息技术在现代汉语教学中的应用 …………………… 150

　　第四节 网络语言对现代汉语教学产生的影响 ………………… 160

参考文献 …………………………………………………………………… 167

第一章　现代汉语的理论研究成果及发展前景

本章内容为总述部分，主要从两个方面进行介绍，分别为现代汉语的理论研究成果和现代汉语研究的发展前景，其中现代汉语的理论研究成果这一节中重点介绍了现代汉语"字本位"理论、现代汉语风格理论及相关语言理论的研究成果。

第一节　现代汉语的理论研究成果

一、现代汉语"字本位"理论研究成果

（一）汉语语法本位观概述

《马氏文通》是马建忠创作的语言学著作，自《马氏文通》以来，汉语语法史上出现了八种本位观，本节将简单阐述这些"本位"观的基本内涵，并将它们进行简单的对比，从而说明"字本位"理论相对于其他本位理论来说更接近于汉语的特点，进而说明对它进行一定程度的梳理具有重要的价值和意义。

1. 词本位

中国现代意义上的语法研究是从马建忠的《马氏文通》开始的，《马氏文通》为汉语语法创建了第一个本位，但是马先生在《马氏文通》中并没有明说自己的语法是"词本位"语法，而是后人根据其主要理论观点，归纳出《马氏文通》的观点是"词本位"。有些学者也将"词本位"称为"词类本位"，认为该理论把"词类"看成句法结构的基本单位和语法研究的最重要环节；并认为只要弄清了每类词的语法功能，就能够解释和说明汉语的语法规则。

2. 句本位

"句本位"是黎锦熙先生在《新著国语文法》中提出的。所谓"句本位"

是指由句子成分决定词类、由句法控制词法的语法体系。朱德熙先生认为："'句本位'理论主要由三个部分组成：一是它的词类观，就是根据句子成分定词类的观点，二是中心词分析，三是以句子为基点进行句法分析的观点。"实际上，黎先生的"句本位"观同马先生的"词本位"观并没有本质上的区别，只不过"词本位"观在词类层面上描写各类词的形态标志和形态变化，然后将其和句子成分相对应，"句本位"观是在句子层面上描写各类词的形态变化和形态标志，然后将其和句子成分相对应。二者都将词的划分和词的形态变化作为自己的研究重点。在形态比较发达的语言中，词类和句子成分基本上是一一对应的，把词类说明清楚了，句法的问题也就基本解决了，反过来亦成立。但是汉语属于孤立语，形态很不发达，句子成分同词类的关系甚为复杂，有时呈现交叉的关系，因此"词本位"观和"句本位"观都不能很好地解决汉语研究中存在的问题。

3. 词组本位

"词组本位"由朱德熙先生于 1981 年在哈尔滨召开的全国语法和语法教学讨论会上提出，1982 年在《语法分析和语法体系》中论证，1985 年在《语法答问》中进一步阐述。朱先生认为"汉语句子的构造原则跟词组的构造原则基本一致""句子不过是独立的词组""把各类词组的结构都足够详细地描写清楚了，句子结构实际也就描写清楚了"。"词组本位"观认为"词组"可以在"词、词组、句子"三级语法单位之间建立起结构规则上的联系，词和词组之间是一种组成关系，且词组的结构规则和合成词的结构规则是一样的，词组和句子之间是一种实现关系，即句子就是由词组加上语调构成的，所以句子的核心结构都可以在词组的层面上得到解释。另外，"词组本位"根据形成句子的词组的结构层次和结构关系采取层次分析方式来分析句子的结构。"词组本位"和"句本位"一样，也将研究的重点放在句法中，但是有所区别："词组本位"受西方结构主义语言学的影响，将研究的重点放在词组的句法结构上，进而通过词组的结构来说明句子的句法结构，而不是词类的划分和句子成分的分析，因此可以说"词组本位"更符合汉语的事实，可以解决"词本位"和"句本位"所不能解决的问题。但事实上，汉语的句子并不是完全由朱先生所认为的简单地等于词组加上语气。我们常常看到句子中形式完全一样的词组，其意义往往是大相径庭的。比如"她的针"这一词组在"她的针打得不好"和"她的针昨天弄丢了"两个句子中的意思就完全不一样。这说明"词组本位"只能解释汉语中的部分内容。因此语言学家对汉语本位的研究仍在继续探索之中。

4. 小句本位

"小句本位"由邢福义先生提出。"小句"指单句，也包括结构上相当于单句的分句。邢先生在研究汉语的过程中发现：小句包含了语素、词、短语、小句、复句、句群、句子语气等语法因素，因此它所包含的语法因素最齐全。此外，小句和其他六种语法因素都有直接的联系，并且还是其他语法因素依托的核心。故而它在汉语研究中应处于核心地位。通过它能够发现"小句短语常备因素""小句特有因素""小句联结因素"等。在此基础上，邢福义先生提出了小句成活律、小句包容律、小句联结律等。由于邢先生的"小句本位"从单句出发，而黎先生的"句本位"也从单句出发，因此粗略一看，二者似乎没有差异之处。正如萧国政先生所说："如果说词组本位认为汉语语法是'词组'语法的话，那么小句本位则认为汉语语法是'句子'的语法。因此在这个意义上，小句本位是一种新的'句本位'说。"

虽然说两种"句本位"都是以"单句"为研究的重点，但是我们需要说明的是，首先二者的立论基础不同：黎先生的"句本位"受西方传统语法的影响，邢先生的"小句本位"受美国韩礼德系统功能语法的影响。其次二者的追求目标也不一样：黎先生的"句本位"以句为基点，重点研究词类的划分、句子成分的分析，目标是在句子层面上完成从词类到句子结构进而到篇章的解析，但是由于汉语自身的特点和当时理论水平的限制，这种本位观不能很好地解决汉语的问题；邢先生的"句本位"以小句为基点，将词法、句法和超句法联系起来，它不仅研究句法领域的"语素""词""词组"和"句子语气"等句法单位，也研究超句法领域的"复句""句群"等语法单位，目的是建立一个系统全面的语法体系。因此"小句本位"不仅包含了"句本位"所研究的内容，更重要的是它将研究的视野扩展到超句法领域。超句法不再是一个简单的语法问题，它将不可避免地涉及语用问题，而语用问题的研究，如语言学家提倡的语言研究的三个平面，符合现代语言学的发展趋势。因此可以说"小句本位"是顺应现代语言学潮流而产生的一种理论观点。但是同时陆俭明、郭锐先生指出："从目前已有的论著看，对汉语语法的研究，无论从形式到意义，还不能让人看出在哪些问题的研究上、在哪些语法现象的分析上是由于'小句中枢说'理论的确立才有所前进、有所发展的。"因此"小句中枢"本位发展如何，我们仍需拭目以待。

5. 复本位

"复本位"是由马庆株先生提出的。马先生提倡在传统的四级语法单位中，选择词和词组两个语法单位为基本的结构单位。在词法中抓住词这个语法单位，抓住词向语素推。在句法中抓住词组这个语法单位，抓住词组向句子推。这样，词法和句法平行，语法体系大大简化了。但是正如潘文国先生所说的："马先生的主张割断了词法和句法的联系，把它们变成互相独立的两大块，从方法论上看，还不如原先的词类本位或句本位，那时至少还是考虑到词法和句法的统一的。"

6. 移动本位

"移动本位"是史有为先生提出的。该理论认为不同范围、不同的处理要求可以有不同的本位。但是具体在某一范围内选择什么本位为中心，史先生则没有明确说明，这也说明了移动本位还很不完善，还有待发展。

7. 无本位

"无本位"是由邵敬敏先生提出的。该理论认为，每种本位说都有一定的道理，也都取得了一定的研究成果。但是这些本位说同时也带来了一些弊端。如过分地夸大了该语言单位的作用，从而有意或无意地割裂了同其他语言单位的联系，这样就会自觉或不自觉地削弱对其他语言单位的研究。因此提出无本位说。

从以上几种本位观的基本内涵及它们之间的相互比较可以得知：这几种本位观都或多或少地受到西方语言学理论的影响，是在西方语言学理论的基础上，加上语言学家的创新和发现而产生的理论成果。对此潘文国先生曾有经典的论述："这些本位论无一不是'印欧语眼光'的产物。词本位源于欧洲传统语法，句本位是斯威特英语语法的模仿折射，词组本位是描写主义和乔姆斯基短语规则在汉语研究中的改造，小句本位是系统功能主义在汉语研究中的折射。"而且"词本位""句本位""词组本位"和"小句本位"等观点虽然都有各自的研究重点，但是语言分析的最终结果还是词，因此这些理论都可以看成变相的词本位。移动本位、复本位是对以上几种本位观的一种折中说法，无本位更有更多不合理因素，因为每一位语言学家在研究的时候无意中都会有一种本位倾向。鉴于此，20世纪90年代，徐通锵先生针对汉语本身的特点，试图以新眼光和新思路来研究汉语，构建了基于汉语自身特点的本土化语言理论——"字本位"理论。

（二）"字本位"理论产生的原因

国内语言学家及相关研究人员之所以认为"字"才是汉语的基本单位结构，之所以称之为"本位"，其主要原因包括以下几个方面。

1. 学术背景

从《马氏文通》问世以来，西方语言理论被引入中国，并成为中国现代语法学理论构建的核心依据，即印欧语系的理论与方法成为汉语结构分析的理论依据，具体而言，就是在印欧语系的理论与方法被引入和应用之后，"字"在语言学中的研究地位被取代了，其研究范围被限定在了文字学问题当中，同时确定汉语的基本结构单位为"词"与"句子"，并以此为基础构建了现代汉语语法体系。有学者认为，印欧语系的引入和应用导致汉语结构的本质特征被舍弃，同时也让汉语没有了独立的语法研究体系。正因如此，学术界将汉语语言学研究体系界限分明地分为古代汉语研究体系与现代汉语研究体系。中国传统语言学是世界三大语言研究传统之一，但这一体系已逐步消失，被更加注重语音、词汇、语法等内容的现代汉语语言学研究体系所取代，而针对文字、音韵与训诂等内容的研究也越来越少。作为一个有着悠久历史传承的文明古国，历史的传承与延续造就了当今的中国，没有昨天就没有今天。彭泽润、潘文国等学者也都认为汉语语言学研究理论也应该是有传承和逐步延续的。笔者认为汉语语言学研究体系的构建可以吸收国外语言学理论，但是不能直接取代，不能另起炉灶，而应当是将传统语言学与西方语言学理论结合起来，取二者之中的精华，结合汉语的本质特征来对研究理论进行优化和完善。

吕叔湘先生在《中国语法要略》中提出："过去中国没有系统的语法论著，也没有系统的语法理论，所有的语法理论都是外来的。外国的理论在那儿翻新，咱们也就跟着转。"从中可以看出，西方语言学理论对中国语法研究的影响已经根深蒂固，汉语语法研究严重缺乏独立性，在研究方向与进度方面，就必然会永远落后于西方理论。而结合实践情况来看，围绕西方语言学理论所构建的汉语语法体系暴露出来越来越多的问题，主要包括词的确定、词类的划分、词类和句子成分的关系等，这些问题已经让中国语法体系的研究陷入了前所未有的困境当中，且有效的解决途径依然未被找到。在这一背景下，以吕必松、徐通锵、王朋朋为首的部分学者开始从理论研究和实践应用层面进行深刻的反思，跳出印欧语系的桎梏，重新回归汉语的特点，从而发现了汉语结构中汉字的重要性，并开始着手以"字"为本位的汉语语法体系的研究。

2. 汉语的特色

徐通锵先生认为，世界上的语言种类众多，每一种语言的编码方式与原则都存在一定的差异，其中理据性是汉语编码机制的本质特征之一，而约定性则是印欧语编码机制本质特征之一，语言的结构单位也会因为编码机制的不同而存在一定的差异。因此，用一种语言的编码机制来研究另一种语言，就算能够解构语言的基本单位，也必然会导致解构出来的基本单位脱离了其原本的特点与事实。而汉语理据性的编码机制强调的是汉字形、音、义的三位一体，汉语的这种特色也是促进"字本位"理论诞生的原因所在。

3. 汉字的重要性及其特点

（1）"字"在汉语中的重要性

近几十年来，以吕叔湘、赵元任、王力为首的部分学者纷纷提出了"字"与"词"在汉语研究中的矛盾性，同时也都提出了类似"'字'很重要"的观点。吕叔湘在《语文常谈》中提出，在印欧语系中，语言学家的研究往往是以词为基点来对语素进行分析的，这主要是因为"词"在印欧语系中现成存在，是印欧语言的基本单位，但是汉语则有一定的差别，"字"才是汉语中现成存在的，语言学家往往是以"字"为基点来研究词和词组的。赵元任在《汉语词的概念及其结构和节奏》一文中认为，在印欧语系当中，一级单位是 word，而当说英语的人提到 word 时，在同样的语境条件下，说汉语的人往往提到的是"字"，也就是说，印欧语结构中的"词"与汉语结构中"字"的地位相对应。王力在《实用解字组词词典》的序言中提出"字"才是汉语的基本单位这一观点，认为要了解一个汉语中的词，既需要理解这个词整体的意思，也需要将组成这个词的各个部分（通常为两个字）拆分开理解，最后再对整个词进行解释，如此才能将这个词的意义了解透彻。

从以上三位学者提出的观点可以看出，汉字无论是在汉语的理论研究还是在日常应用中，都是十分重要的。学者的观点也是"字本位"理论诞生的基础因素之一。

（2）汉语"字"的特点

汉字本身也具有鲜明的特点，这也是"字本位"理论诞生的重要原因之一。不同学者总结了"字"不同的特点。徐通锵先生认为汉语中的"字"具有以下几种特点：一是现成性，徐通锵先生认为，汉语中有许多字都是能够单独成意的，能够在人们心中形成具体的意象，并且能够直接使用，如"天、地、人"等单个字都能够代表独立的意义；二是封闭性、离散性，徐通锵先生认为汉字的结构格局主要以字、音节和概念为主，形成"一个字、一个音节、一个概念"的汉字结构格局；三是心理现实性，在现实生活中，无论说汉语的人受教育程度有多高，都能够分辨一句话是由几个字组成的。潘文国先生认为汉语中的"字"是汉语研究的基础，是语音、语义、语法与词汇的交汇点。徐通锵先生认为汉字最为突出的特点是其理据性特点，这一点能够从象形字、会意字、指事字等相关类型的汉字中得到体现。同时，在汉语形声字中，能够用形旁来表示字义特征的占到80%以上，例如"女"字旁中的"姐、妹、娘"等，其形旁的表义作用十分明显。从以上学者对汉字特点的总结可以看出，"字本位"理论是具备较强的实践依据的。

(三) "字本位"理论的研究体系

众所周知，现代汉语的语法理论基本上都来自西方，而且这些理论在人们的观念中已根深蒂固。人们一谈到汉语的语法单位，就想到语素、词、短语、句子这四级；一谈到汉语的构词法，就想到主谓、联合、偏正、动宾、动补；一谈到汉语的句法，就想到"主—谓—宾"这样的格式。这种以西方的语言学理论来解释汉语的方式，的确曾使中国的语言学取得了非凡的成绩，如一些语言大师、一些语言学理论著作的出现。但是汉语与印欧系语言毕竟是两种不同结构类型的语言，如果硬要用西方的语言学理论来分析汉语，最后必然会使我们的语言学走向十分困窘的境地。"字本位"理论意识到了汉语研究所面临的这种危机，于是试图抛弃这些理论，重新建立一套基于汉语特点的语言体系，从而更好地解释汉语。下面简单介绍以"字"为本位的新的汉语研究体系。

1. 以字、辞、块、读、句作为汉语语法的基本结构单位

"字本位"理论抛弃了语素、词、短语、句子这传统的四级语法单位，而采用字、辞、块、读、句这五级语法单位。因为"字本位"理论的创建者认为汉语中没有语素、词、短语这些现成的东西，这些概念都是从西方语言学中借鉴过来的，而且有的结构单位之间的界限呈模糊的状态，难以辨别。也许有学者会问，汉语的语素很好辨别，基本上是一个汉字代表一个语素，为什么要抛弃语素这个基本单位呢？还有学者质疑语素和字是不是存在着偷换概念的嫌疑。我们说字和语素属于两个不同的范畴，它们之间没有可比性。对此徐通锵先生曾说："语言的结构可以分为表达和内容两个方面，语素只是语言表达系统的一种结构单位，虽然它与内容有联系，但研究的时候不必涉及内容，以便有效地说明'语素由音位的组合构成'的原理和语言结构的二层性。而'字'着眼于音义的结合，是一种表达与内容相统一的结构单位。如果说得绝对一点，也可以说它是内容系统的结构单位，因为它具有顽强的表义性，语义是它的核心。"虽然说字和语素的定义都是最小的音义结合体，但是字具有形、音、义三位一体的特点，它的形可以直接和语义挂钩，而不必经过语音的转换，人们

可以通过其形而察其义，但是语素的形则没有表义性，它需要通过其音才能表其义，而其音和义的连接是由社会约定俗成的，没有现实的根据。这也是为什么汉语能够传承下来，而印欧语不能的原因。而且，一个"字"可以表示若干个不同的词，而语素绝不可能有这样的结构。因此在以"字"为本位的语义型语法中用"字"作为汉语的基本结构单位。再则"字本位"理论之所以以"辞""块"代替"词"和"短语"也是有一定理由的。如果以"词"作为汉语的基本结构单位，那么什么是词？这是人们遇到的第一个难题。例如"洗"若是一个词，那么"洗澡"是词还是词组呢？如果说是词，为什么我们可以在"洗"和"澡"之间插入"一次"或"着、了、过"呢？而将其看成词组呢，它的意思又不是"洗"和"澡"两个意思的简单相加，而是"用水洗身，除去污垢"的意思，而且"澡"无法独立运用。那么，什么是汉语中的一个词？语言学家在研究中碰到了一系列复杂的问题。鉴于此，语言学家陆志韦对分词法又进行了研究，发明了扩展法。他认为词是语言中能自由运用的最小结构单位，不能插入别的成分使它们分开。例如"白菜"中间不能插入任何东西，所以"白菜"是一个词；但是"白纸"中间可以加入"的"变成"白色的纸"，因此，"白纸"是词组。但是扩展法的运用也是有条件的，比如扩展前后语义基本不变，因此扩展法在实际的操作中也是困难重重。实践的困难迫使一些语言学家开始怀疑"词"这种语言现象在汉语中的合理性。因此徐通锵先生大胆地指出汉语中没有词，进而根据自己的研究重新确立了汉语的结构单位。最后，之所以用"读""句"代替传统的语法单位"句"是因为印欧语的句子以约定性为基础，结构呈封闭性，只要是由一致关系维系的主谓结构就是一个句子；而汉语的句子采取意合的方式，结构呈开放性，因此印欧语的句子在汉语中也没有明确的对应物。因此徐通锵先生指出：中国现代语言学研究存在的问题是"照西方语言学的'葫芦'画汉语结构的'瓢'，故而在语言研究中碰到了一系列的问题。"据此徐通锵先生主张以"字""辞""块""读""句"替代现代语言学中的"语素""词""短语""句子"，于是产生了"字本位"理论的五级语法单位。下面简单阐述这五级语法单位的基本内涵。

字：徐通锵先生在《语言论》中曾把"字"定义为"语言中有理据性的最小结构单位"。这种说法可能令人费解，什么是有理据性的最小结构单位？人们认为该定义模糊不清，立论基础不牢靠。这也成为日后"字本位"理论反对者诟病的主要方面。潘文国先生主张"字"就是"字"，就是作为一个形音义结合体的"汉字"。在这里我们采取潘文国先生的定义。

辞："辞"为字的组合，即字组，特别是那些凝固性很强的二字组。

块：字块为以虚字为标记使一个概念去联合或限定另一个概念的字或字组的组合。徐先生提出了作为字块标记的四类虚字：量字、连字、的字和介字。

读："读"的概念是根据传统汉语训诂学中的术语"句读"研究提炼出的，是指汉语表达中语意未完而在语音上可以稍做停顿的结构单位。

句：汉语中的句是能表达一个完整意思、语意已完的语言单位。

由此可见，"字本位"理论的"读""句"的定义完全不同于印欧语的由主—谓一致关系所维系的"Sentence"。

综上，"字本位"理论的五级语法单位每一级的语音、语义特征如表 1-1-1 所示。

表 1-1-1　"字本位"理论的五级语法单位每一级的语音、语义特征

语法单位	字	辞	块	读	句
语音特征	声调	变音	连说的节奏单位	停顿	语调
语义特征	单纯概念	合成概念	"语义块"	"语未绝"	"语已绝"

2. "字"和汉语的构辞法

"字本位"理论认为汉语中没有"词"，"词"是从西方语言中借用过来的，故以"辞"代替"词"，"字本位"中的"辞"是一种二字组（特别是其中的固定性二字组）。徐通锵先生对原有的构辞法的理论和分析方法采取否定和抨击的态度，他说："一谈起构辞法，人们就想到述宾式、述补式、主谓式、联合式、偏正式这些名称，认为它是语法结构的一部分，这是仿效西方的语言理论来研究汉语得出的一种结论，实在是张冠李戴，可以说是汉语结构研究的一种误区。"因此他提出了自己的构辞法理论。徐先生认为由于汉语是意合语言，因此汉语的辞的构造最重要的不是语法问题，而是语义问题，因此提出了汉语的"语义构辞"而非"语法构辞"，我们需要弄清楚组成辞的字与字之间的语义关系，而非字与字之间的结构关系。徐先生根据核心字在"辞"中的位置，把"辞"主要分为两大类：核心字在后的就是向心结构；反之，核心字在前的就是离心结构。

需要说明的是"字本位"理论中的向心和离心是根据核心字的位置对汉语辞所做的分类，而普通语言学中也讲向心结构、离心结构，它是由美国语言学家布龙菲尔德根据分布的标准提出来的。根据辞内部的结构核心和整体功能是否一致来划分，一致的是向心结构，反之是离心结构。可见，二者的分类标准不一样。根据"字本位"理论，只要是核心字居前的辞统称为离心结构，核心

字在后的辞统称为向心结构，所以汉语构辞法的大的类型主要有二：一类是向心结构，另一类是离心结构。例如：

A. 大地、土地、绿地、荒地、山地、平地、草地

B. 地板、地道、地面、地雷、地洞、地瓜、地貌

这就是以"地"为核心组成的两组双音字。A组中的"地"字在字组中居后，"地"字组为向心结构；B组中的"地"字在字组中居前，"地"字组为离心结构。核心字在向心结构和离心结构中的作用是不一样的。A组中的"地"字代表的是一个意义类别，这里的"地"只表示土地，至于是什么样的土地，那就需要借助前字的意义了。试比较绿地、荒地、山地之间的意义差别，就可以清楚地知道前字如何限制后字的意义，如何使其意义具体化了。因此核心字在向心结构中的作用相当于义类。B组中的"地"处于前字的位置，它表示的是一种意义特征，这里的"地"就不是指土地，而是指与土地有关的某一特征。例如："地板"是指室内铺在地面上的木板，所以离心结构中的"地"的作用不同于向心结构中的"地"的作用，离心结构中的核心字是对后字的意义进行恰当的限制，目的是突出它所限制的义类，因此核心字在离心结构中所起的作用相当于义素。

"向心"和"离心"是汉语两种基本的构辞方式，由这两种方式组成的辞仍可以作为一个"核心"继续进行向心、离心的组合，并由此递归下去，造出能满足造句需求的各种字组。例如："大地"可以通过向心方式组成"春天的大地"，也可以用离心的方式组成"大地的生机"。不过这时组合的可能性较单字的组合要小，生成能力也较弱。这说明字组的组合能力是分等级的。等级越低，字组越短，字义越抽象，它的语义基础就越广泛，继续扩展的可能性就越大，反之则不然。总之，汉语的构辞法主要分为离心和向心两种类型。而且这种构辞不限于二字组，多字组可以在二字组的基础上继续以向心、离心的方式组合。

3. "字"和汉语句法的基本结构：话题—说明

由于汉语研究中独有的印欧语眼光，致使汉语中句法结构的分析都采用印欧语双轨制的结构框架，讲求"主语—谓语"结构和名、动、形词类的划分，以及两者之间的对应关系。但是这种语法理论并不适合汉语句子的分析。因为印欧语的句子很好确定，由一致关系维系的一个主谓结构就是一个句子。但是汉语中主谓结构的句子并不多，而且汉语中的句子如何划分，还是个争论，至今都没弄清楚，比方说这样的一段话：

　　妈妈很生气，正要张口责问，猛然看见爸爸两只攥紧的拳头在瑟瑟发抖，心中忽地明白了，眼泪一下子涌了出来。

　　这句话有几个句子，人们无法确定，不同的人可能会有不同的答案。为什么汉语的句子这么难确定？因为汉语和印欧语属于不同结构类型的语言。印欧语属于屈折语，语法结构的特点是"形合"，即句中的词受"主语—谓语"结构框架的制约，句子的结构呈封闭性。而汉语属于孤立语，语法结构的特点是"意合"，因此句子的结构是开放的。但是需要说明的是，语法结构并没有绝对的"形合"和"意合"之分，说印欧语是"形合"，是相对于汉语而言，它更侧重于"形"的组合，而汉语相对于印欧语更侧重"意"的组合。其实印欧语也讲"意"的搭配，比如 handsome 只能用来形容男子；而汉语也讲"形"的组合，如数量短语只能放在名词之前做定语。由于汉语语法的主要特点是"意合"，汉语组词造句就采取意合的方式，这种语法叫"语义语法"。但"意合"并不意味着可以完全不受形式的制约，这个形式就是已知的信息统率未知的信息，"前管后""上管下"。由于汉语句子的结构是开放性的，因此不能用"主语—谓语"的框架来分析，所以"字本位"理论提倡采取"话题—说明"的结构框架来分析。

　　"话题—说明"在传统语言学中属于语用学范畴，而在"字本位"理论中"话题—说明"的概念着眼于语义。英国语言学家哈特曼在《语言学和语言学词典》中把它定义为"讲述的题目和对于题目的说明"。话题的一个显著特点是它出现在说明之前，然而主语也有这样的一个特点，因而人们容易混淆二者。那么什么是话题呢？它与主语的区别是什么呢？根据徐通锵先生的研究，话题和主语的区别可以归纳为三点："首先，主语和谓语存在着形式上的一致关系，而话题和说明没有。其次，话题是有定的，一般位于句首，而主语是无定的，甚至还可以出现如 it（It is hot here.）这样的虚位主语，由于它受一致关系的制约，因此有时不一定位于句首。最后，话题和说明之间的联系则非常松散，比如，话题和说明之间可以插入语气词，如：'我啊！南方人。'"而主语和谓语之间由于讲求一致，因而相互之间的联系非常紧密。由此可以看出，"主语—谓语"和"话题—说明"属于两套完全不同的概念，我们不能将它们混合在一起。汉语属于话题突出型语言，印欧语属于注重主语的语言。从语义层面上来说，话题的关键是"有定"，有定的话题又分有生和无生两类。"有生"是指能控制、支配动作或行为的发生和发展；反之则为"无生"。"有生"的话题遵循时间顺序展开，"无生"的话题遵循空间顺序展开。

（四）"字本位"理论的缺陷

第一，"字本位"理论作为一种新的理论，其研究历程较短，因而在语言体系的建构上太过于宏观，这在一定程度上导致了对微观研究、具体语料分析的不足。

第二，作为"字本位"基本结构单位的"字"，徐通锵先生认为它的特点是形、音、义三位一体，形成"一个字、一个音节、一个概念"的格局。但是随着语言的发展，"三位一体"和"一一对应"的基本结构格局并不适用于所有的"字"。如这些情况：异体字、文白异读字、多音字、多义字等。

第三，"字本位"理论认为汉语语法是语义语法，其特点是意合，这种说法有点片面。因为汉语中词与词的搭配以及组词成句等，都有一定的规则，并非完全采取"意合"的方式。例如：名词前面能用数量词组修饰，不能用"不"修饰；"把"字句中动词前后通常总有一些别的词语；等等。因此我们认为，没有脱离"意"的"形"，也没有脱离"形"的"意"。

（五）"字本位"理论的意义

虽然"字本位"理论目前还存在一定的缺陷，但从整体上讲，它是适应汉语特点，适应中国语言学发展的需要而产生的一种理论体系，是对发展了近一个世纪的汉语语法体系的挑战，对语言学的发展具有方向性的指导作用。因此它的产生具有重大的意义，主要表现在以下两个方面：

1. 理论研究方面

自《马氏文通》以来，现代汉语的语言理论和研究方法都是从西方借鉴过来的，形成了汉语研究中独特的"印欧语眼光"。"字本位"理论是在反"印欧语眼光"的背景下产生的，倡导我们应基于汉语的特点来进行汉语研究。该理论认为汉语的基础性编码机制是理据性，因此将具有"形、音、义"三位一体特点的"字"作为汉语研究的基本单位，并创建了语义语法，建立了自《马氏文通》以来第一个具有中国特色的并完全异于现在占主导地位的语言学理论的体系，而且"字本位"理论将语义研究放在汉语研究的核心位置，而非大家以前所公认的语言结构，这种汉语语法研究重点的转移对今后语言学的研究思路有重要的提示作用。而且它也加深了我们对汉语的认识，促使更多的语言学家按照汉语自身的特点来探索、构建我国的语言学体系。

2. 研究思路方面

自徐先生提出"字本位"理论后，计算语言学家在此基础之上做了进一步的研究，在尝试对字与字组进行形式化描述的同时，也尝试对中文信息处理的形式化方法进行大胆的创新，以探讨汉语"字本位"理论及其在应用中与汉语形式化有关的问题。

汉语方言研究是从音位和语素入手，还是从字入手，也是个争论。现在汉语方言研究从字入手，一下子就抓住了汉语成分之间音义的关系，因此现在提出"字本位"理论，对今后的汉语方言研究，具有深远的意义。在对外汉语教学领域，我们一直面临着"汉字难学、教学效率不高"的困境，现在有学者认为在对外汉语教学中应给汉字教学以重要的位置，按照汉字自身的规律，利用汉字的表音和表意功能识记汉字，并在词汇教学中强调组成词的字的理据性，以字释词。鉴于这些而言，"字本位"理论揭示了汉字和汉语之间的关系，突出了汉字的结构特点，强调了汉字的构词能力。因此它的提出具有重要的意义。关于"字本位"理论在对外汉语教学中的影响，我们将在下文中细谈。

"字本位"理论能在应用领域解决一些其他理论所不能解决的问题，可见这种理论的价值和意义。

由此我们可以看出，"字本位"理论是随着语言学的发展应运而生的，不仅在理论研究方面对中国的语言学有很大贡献，其研究成果也为中文信息处理、汉语方言研究、对外汉语教学等实践领域带来了帮助。但它作为一种新的理论，要在现在占主导地位的语言学理论的强大阵营中另起炉灶并蓬勃发展不是一件容易的事，学术界对它的态度褒贬不一，批评的有陆俭明、郭锐、孙剑艺、胡正微、王庆等人。赞同的有尹蔚、郦青、王飞华、王佳存、胡双宝、陈炯等人。但我们认为，在对外汉语学界对"字本位"理论应采取一个客观、公正的态度，有选择地利用它对我们的教学有用的部分。现在已有学者建议将"字本位"理论运用到对外汉语教学中去，如韩兰兰、贾颖、陈俊羽、王骏、郦青、王飞华等。我们应重点探讨"字本位"理论在对外汉语教学中的影响，因为近百年来我们的语言研究不符合汉语的事实，那么以该理论为指导的教学法必然也不符合汉语的事实，收不到好的教学效果。正如吕必松先生说的："一种语言的教学路子，必须与这种语言的特点相一致。我国对外汉语教学现在占主流地位的教学路子存在的主要问题就是在很大程度上背离了汉语的特点。"我们应根据"字本位"理论在基本结构单位、构辞法、语义句等三方面的基本理论，探求符合汉语自身特点的教学理论。

（六）"字本位"理论的研究成果

钱冠连先生（1999年）将正确引进国外语言学理论，通过"化入—创生"，建立有汉语特色、有学派意义的语言学成果，看作"对比语言学者的一个历史任务"，是对对比语言学者的一个很高的学术期待。中国有悠久的语言研究历史，但是，中国传统的语言研究注重语言材料的整理与研究，并不注重理论的探讨与建构。尽管中国传统的语言研究留下了以训诂学、音韵学和文字学为主的宝贵遗产，却没有留下系统的理论语言学论著。自《马氏文通》出版以来，为了建立中国自己的语法学和语言学理论，一代代中国语言学家付出了艰苦的努力，也取得了很大的成绩。但是，中国的语言学基本上是用印欧语的理论、方法来分析汉语，探索"结合"的道路，虽然开创了语言研究的一个新时期，但是也给汉语的研究带来了"印欧语的眼光"，用印欧语的结构原理来观察汉语的结构。故而直到20世纪90年代初，令人满意的汉语语法体系和汉语语言学理论体系还是没有建立起来，"中国没有自己的语言学理论""所有的语言理论都是外来的"就成为汉语学术界的一种通论。

然而，就在《马氏文通》出版100周年的前一年，1997年，徐通锵先生的《语言论——语义型语言的结构原理和研究方法》出版。该书不但奠定了汉语语义语言学的理论基础，还是徐先生本人在对比研究的视角下，积极探索汉语特点，尤其是寻求汉语语言结构基点——"字"作为汉语的基本结构单位的研究成果的汇总，标志着汉语"字本位"理论（Sinogram-based theory）的正式诞生。潘文国先生于2002年出版《字本位与汉语研究》一书，更是建构了一个具有普通语言学意义的字本位汉语语言学理论体系。尽管这一理论到现在还不能说是完全成熟的，而且围绕着这一理论的争议和争鸣的声音还很大，但是，"字本位"理论的提出，是中国语言学者长期艰苦探索的结果，也是中国语言对比研究的一大理论成果。

1. "字本位"理论的探索、结合、发现

（1）探索

自《马氏文通》以来，20世纪早期中国的对比语言学研究成果，除了严复和林语堂的以教中国人学习英语为目的的著作之外，无一不是以建立汉语语法学或挖掘汉语特点、建构汉语语法体系为初衷的。关注汉语特点，建立汉语特色的语言学，是从中国第一代对比研究学者以来就有的自觉意识。

在汉语特点的研究方面，也有西方学者得出十分精辟的论述。例如德国语言学家洪堡特对汉语的研究中就有关于汉语文字的独到见解：文字应语言的内在需要而生，一经生成，又与语言结构、思维活动密切联系。由此看来，汉字就是汉语的内在组成部分，其功用不可能为任何外在（外来）的文字形式所取代。象形——表意文字有可能成为"一种特别的语言"。

汉字有象形、表意的成分。使用统一的汉字，人们的交际可以超越方言（汉语的有些方言在许多西方学者眼里是不同的语言）的界限，由此看来，汉字确实可以说是一种具有特殊作用的（书面）语言。瑞士语言学家索绪尔也有对汉语表意文字的正确认识："对汉人来说，表意字和口说的词都是观念的符号；在他们看来，文字就是第二语言。……汉语的各种方言表示同一概念的词都可以用相同的书写符号。"

这里引用西方语言哲学家关于汉语、汉字的观点，并非要拿他们来压人，而是因为他们的观点比国内类似或相同的观点提出得要早，而且"旁观者清"，有时候的确需要跳出汉语之外来看汉语。洪堡特和索绪尔对汉语、汉字的认识，就是通过跟"非汉语"的印欧语以及其他语言的比较而获得的。而且通过对比认识不同语言的特点，进行个别语言的理论建设，也是对比语言学研究的重要目标之一。

中国语言学家在探索挖掘汉语特点、建立汉语特色语言学的过程中，以语言对比研究的视角，逐渐形成了一种对汉语独特性的新的认识——对汉语中"字"的概念的正确认识，并且这种认识随着研究的加深逐渐变得清晰起来。下面几位中国语言学家的论述，说明了中国学者对汉语"字"的早期认识。

早在1963年，吕叔湘先生就从汉语与欧洲语言对比的角度谈到了汉语中"字"的现成性："词"在欧洲语言里是现成的，语言学家的任务是从词分析语素。他们遇到的是 reduce（缩减）、deduce（推断）、produce（生产），这些词里有两个语素还是只有一个语素的问题。汉语恰恰相反，现成的是"字"，语言学家的课题是研究哪些字群是词，哪些是词组。汉语里的"词"之所以不容易归纳出一个令人满意的定义，就是因为本来就没有这样一种现成的东西。

对这一问题的认识和表述更加清楚的是赵元任先生，他指出：汉语中没有词，但有不同类型的词概念。按照西方语言学家的眼光来分析汉语并确定像结构词这样的单位可能有用……但这不是汉人想问题的方式，汉语是不计词的，至少直到最近还是如此。在中国人的观念中，"字"是中心主题，"词"则在许多不同的意义上都是辅助性的副题，节奏给汉语裁定了这一样式。

赵元任先生的以上观点，使他的《汉语词的概念及其结构和节奏》这篇论文成为汉语"字本位"理论的滥觞。其实赵先生在该文中并"未正面提到'字本位'，但其精神确实为'字本位'的提出提供了精神支柱"。后来，徐通锵先生（1994年）最早引用此文，开启了汉语"字本位"理论研究的历程。

（2）结合

徐通锵先生对汉语研究的探索，准确地说是对外来语言学理论与汉语实际进行"结合"的探索，按照他自己的说法，经历了三个阶段：

第一阶段（1978—1981）是和叶蜚声先生一起，从总结入手，考察"五四"以来汉语语法研究和音韵史研究的理论和方法，以便从中了解中西语言学"结合"的成效和局限。……他们发现音韵研究的"结合"的成效远远强于语法研究，因为音韵研究没有离开自己的传统，而语法研究由于一切需要从头做起，受西方语言理论的束缚太大。

第二阶段（1982—1986）是联系汉语方言和音韵的研究，吸收西方历史语言学理论和方法进行历史语言学的研究……这一阶段他们对"结合"的研究有了一点深切的体会，就是在文白异读的研究中总结出一种新的叠置式音变的理论和方法，丰富了现行的历史语言学理论。这说明，以汉语的研究为基础是可以总结、提炼出相关的理论和方法的。

从1987年开始，进入了第三阶段的探索，前后经历10年，走了很大一段弯路，才写成现在这一本《语言论》。

徐通锵先生认为，以往汉语研究中的"印欧语眼光"，主要是缺乏一个正确的立脚点，而所谓的"结合"基本上是以印欧语的语言理论、方法为基础，将汉语"结合"进去，而不是以汉语的研究为基础，去吸收西方语言学的立论精神，"因而难免出现用西方的语言学理论来观察汉语的结构这样的弊端"。因此，徐先生提出了转移"结合"的立脚点的主张：以汉语研究为基础，吸收西方语言学的立论精神，阐释汉语的结构规律和演变规律，为语言理论研究开拓一条新的途径。

（3）发现

基于以上认识，经过艰苦的探索，我们的语言学家终于发现了建立汉语研究理论框架的汉语结构的"音义关联"的基点，即汉语的基本结构单位——"字"。徐通锵先生指出，语言的体系，简而言之"就是由结构单位及其相互关系组成的系统"，而从结构原理上讲，能够驾驭复杂的语言系统的"以简驭繁"的简单线索（或"纲"）就是这个语言系统中的"基本结构单位"。要确定语言的基本结构单位，应该着眼于语言的音义关联，因为"只有成为音义关联点的结构单位才有资格成为一种语言的基本结构单位"。而"音义关联点的确定，首先应该着眼于和思维中的概念相对应的语言结构单位。根据这一标准，音义结合的关联点，汉语是字，印欧语是词和句"。而作为语言的基本结构单位，不管是印欧语中的词，还是汉语中的字，虽然表现形式各不相同，但都隐含着共同的结构原理，具有一系列共同的特点：都是各自语言中现成的、拿来就能用的结构单位；都具有离散性和封闭性，界限分明，很容易与其他的结构单位区别开来；在各自的语言社团中有很强的心理现实性，即使没有受过教育的人，也知道一句话里有几个这样的结构单位。

汉语中的字无疑具有以上三个特点，因此是汉语语言中的基本结构单位。

对于汉语的基本结构单位——"字"的发现，徐通锵先生是受到了赵元任先生的"'字'是中国人观念中的中心主题"这一论断的启发和鼓舞的。因此，在其《"字"和汉语的句法结构》一文中，徐通锵先生认为，"本位，这是研究语言结构的理论核心，牵一发动全身。如果能正确地把握语言结构的本位，就有可能为深入地分析语言结构的规律，顺利地解决争论的有关问题开辟前进的道路"，进而明确提出，"'字'是汉语语义句法的基本结构单位"，"接过赵先生的学术遗产，进行以'字'为结构本位的汉语研究，并以此为基础总结相应的理论和方法，开拓一些新的研究途径"。从此，"字本位"的观念正式确立。

1997年，徐通锵先生的《语言论》正式出版，成为中国语言学史上第一部以"字本位"为理论指导、以汉语研究为基础的理论语言学著作，同时也是中国学者进行语言对比研究和语言学理论对比研究的重要成果。2001年，徐先生的另一部著作《基础语言学教程》出版，该书虽以"教材"的面貌面世，但实际上是一本以汉语研究为基础的普通语言学著作。在该书中，在对汉语的"词"和"句"与印欧语的word和sentence进行详细的对比分析基础上，徐先生提出"汉语中没有和word相当的单位"的论断，并重申了"'字'是汉语的基本结构单位"的观点。全书从语音、语义、词汇、语法和文字五个方面构建起一个普通语言学理论框架，并分章论述了语言的起源和它的社会功能、语言随着社会的发展而发展，以及语言系统的演变。除了以"字本位"思想贯穿全书之外，徐先生还论述了语言与思维的关系，重申了"每一语言里都包含着一种独特的世界观"的语言世界观思想。可见，徐先生的"字本位"汉语语言学理论的建构，是在语言世界观思想的指导下进行的，是将对汉语特性的挖掘和研究与对人类语言的共性的研究辩证地统一起来的普通语言学研究。他的语言学思想还体现在他发表的学术论文之中，如，他于1999年在《语文研究》（第4期）上发表的《汉语的特点和语言共性的研究》就很有代表性。

值得注意的是，在徐先生的认知中，对于文字与语言的关系，即"文字是不是'符号的符号'"，观点是较为明确的——他还是比较赞同"文字是记录语言的符号"这一说法的。尽管他将世界上的文字从发生学上分为"自源文字"

和"借源文字"，可以说较为彻底地颠覆了原来在《语言学纲要》中对文字的"功能分类"，并指出"在现在已知的文字体系中，所有的自源文字都是表意文字，而借源文字都是拼音文字"，却没有将这两种文字各自与概念或思想表达之间的关系进一步说明白。这是一种缺憾，他的"自源文字"与"借源文字"之分也因此受到批评，尽管有些批评者本身可能更不清楚，只是借西方自亚里士多德以来的"语音中心主义"，尤其是索绪尔"符号的符号"的观点进行批评而已。徐先生对文字分类的这一遗憾在潘文国先生的观点中得到了一定程度的弥补。潘先生也从发生学的角度将人类的文字大体分为"自源文字"和"他源文字"（注意，这里没用"借源"）两类，并指出："把文字的这两种分类综合起来考虑，我们会发现表意文字与自源文字、表音文字与他源文字，实际上是重合的。凡是自源文字都是表意的（不论是形意文字、意音文字、表词文字），凡是他源文字都是表音的。……在上述两种分类里，汉语既是表意体系文字在当今的唯一代表，又是自源文字在当今的唯一代表。"

文字的"功能分类"与发生学分类在汉语与世界上多数语言的对比中重合了。这一现象是值得从汉语文字的特殊性及其研究的普通语言学意义两个方面深思的。

（4）徐通锵的"字本位"汉语语法体系

有意思的是，跟西方对比语言学史非常相像，"大约每隔十年左右就要出一本有影响的著作"，在《语言论》出版11年之后，徐通锵先生的《汉语字本位语法导论》又于2008年出版。在这本著作中，徐通锵先生"从'字本位'的立场出发，采用'从外到内、从内到外'相结合的方法，重新构建了现代汉语语法"，实际上是创建了一个字本位汉语语法体系。为了摆脱长期以来汉语语法研究中的"印欧语眼光"和汉语语言理论建设中"跟着转"的被动局面，徐通锵先生从汉语的语言事实和汉语研究中语言理论的矛盾切入，从汉语的特点着手，以"字"（既是口头的，又是书面的，是形、音、义结合的汉语的基本结构单位）为核心，从方法论、结构论、表达论三个方面建构起了字本位汉语语法体系，很容易让人回想起吕叔湘先生在20世纪所著《中国文法要略》的整体结构和研究方法。

就方法论而言，徐先生通过语言对比，尤其是对汉语和印欧语基本结构单位的对比，发现了汉语的"字本位"特点；从"语言是现实的编码体系""理据是语言规则的语义基础"出发，重新定义了"语法"，认为"语法是理据载体组合为语言基本结构单位的规则"。最重要的是，徐先生区别了思维方式与思维能力，认为思维能力指的是不同民族共有的认识现实规律的能力，具有全人类性，而"思维方式是实现思维能力的一种方法，与特定的语言联系在一起，因而不同民族是不一样的"。因此，"语言研究必须考察不同语言结构与该语言社团的思维方式的关系，升华相应的理论和方法"。由此可以看出，徐先生对于语言和语言研究方法的认识，带有明显的语言世界观色彩，二者正是开展语言对比研究、从语言的个性出发探讨语言共性、建立普通语言学的根本原则和方法。

在其"结构论"中，徐先生首先提出"字组的意义是字义的组合"这一观点，并提出和论述了汉语语义语法的三个组成部分（语义结构、结构模式和句法语义关系），提出了"字"的"语法化"概念，并相继讨论了"字"的第一次语法化或"语法化初阶"（字的分类）和语法化次阶（字的进一步分类），讨论了并列关系（提出"标记"的概念）、限定关系和引导关系等句法结构特点。

在"表达论"中，徐先生首先提出了"表述结构"（名＋动）的新概念，认为印欧语的句子既是结构的句，也是表达的句；而汉语的句只是表达的句，不是结构的句。因此，印欧语的研究偏重于句子的结构规则，而汉语的研究则宜偏重于句的表达；印欧语的句子是"主语—谓语"框架，是形态型语言；汉语的句子适合于"话题—说明"框架，属语义型语言。在此基础上，徐先生进一步提出了语法范畴与语义范畴这对概念，认为印欧语等形态型语言生成语法范畴，而汉语作为语义型语言则生成语义范畴，并且汉语的语义范畴与字的第三次语法化，即"语法化末阶"语气字的生成和运用有关，因此，语义范畴的研究应以"由内到外"的途径为基础。在这种认识的基础上，徐先生进而对褒贬与爱憎、空间与时间、肯定与否定、有定与无定四对语义范畴的表达与结构关系进行了深入探讨。

显然，徐通锵先生所建构的字本位汉语语法体系与吕叔湘先生所建立的汉语语法系统是不同的，是一个明显的建立在语言世界观基础之上、语言对比视角之下的语法体系（图 1-1-1）。

2. "字本位"理论的继承、借鉴、建构

潘文国先生在评价胡以鲁的《国语学草创》时说过这样一段话："通常人们都说胡以鲁的《国语学草创》是中国第一部'普通语言学'著作（邵敬敏、方经民，1991），但胡氏自命其书是'国语学'，而不是他自己在日本帝国大学学习的'博言'学即普通语言学，可见他更强调的是汉语学的研究。将两者结合起来，我们可以说这部书是第一部'汉语本位的普通语言学著作'，这正是今天我们所要致力的研究目标。"

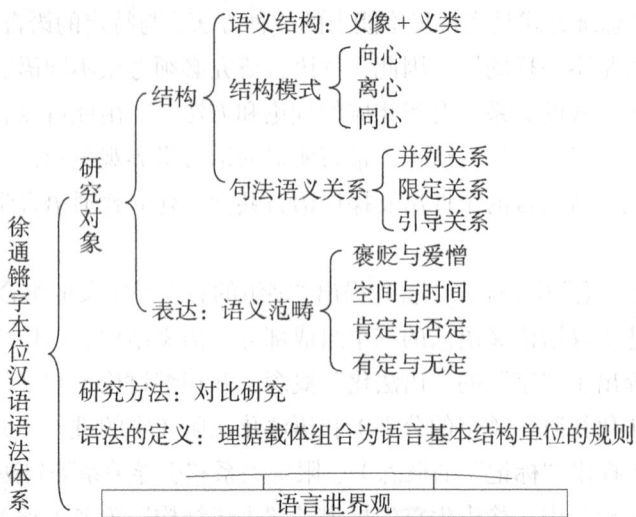

图 1-1-1　徐通锵字本位汉语语法体系

　　但是，20 世纪上半叶以及"文化大革命"之后很长一段时间内，汉语研究以语法研究和汉语语法体系的建构为重点，从而使类似胡以鲁《国语学草创》这样的汉语本位的普通语言学理论研究长期受到忽视。潘文国先生的对比研究一向注重汉语的主体性，为学界所共知。潘先生出版的《汉英语对比纲要》一书的特点之一就是作者的汉语主体性思想，同时作者的汉语字本位思想开始显现。但是，完整体现潘先生字本位思想并体现其字本位汉语语言学理论构建成就的还是他于 2002 年出版的专著《字本位与汉语研究》。

　　2001 年，潘先生在《暨南大学华文学院学报》第 3、4 两期发表了《"字"与 Word 的对应性》的学术论文，从语言对比的视角讨论了汉语的"字"作为汉语的基本结构单位的普通语言学意义，成为其《字本位与汉语研究》的先声。而他于 2002 年出版的专著，则基于对《马氏文通》以来汉语语法研究的深刻反思，在继承传统"小学"尤其是文章学传统和借鉴西方现代普通语言学理论的基础上，建构了一个完整的字本位汉语语言学理论体系。

　　（1）继承

　　"汉语章句学"是该著作的重点章节，也是最能够体现潘先生对中国传统语言学基本元素的继承和对西方现代语言学合理元素的借鉴的精彩部分。潘文国先生指出："'字本位'的研究主张的不仅是共时研究，而且包括历时研究，因此必须考虑打通古今的汉语研究。"潘先生的字本位汉语语言学理论体系，充分体现了对中国传统语言学的合理继承，主要表现为对汉语研究"小学"传统和对中国传统文章学的继承两个方面。

①对汉语研究"小学"传统的继承

由于汉字在中国语言文字学中的特殊地位，中国传统语言学的"小学"传统，是以汉字的义、形、音研究为核心的，构成了"训诂学""文字学"和"音韵学"的"三角结构"。潘先生的字本位汉语语言学理论体系正是对这一传统的合理继承和延伸。潘先生指出："汉语以'字'为本位的汉语研究体系的建立，同样有赖于实现'字'的'一体三相'的特点"，并画出示意图，勾勒出了"字本位汉语语言学"的基本框架（图1-1-2）。

（形位学与章句学）

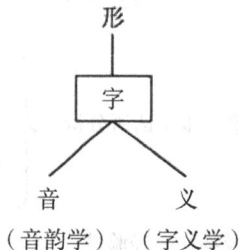

形

字

音　　　义

（音韵学）　（字义学）

图1-1-2　"字本位汉语语言学"的基本框架

《字本位与汉语研究》一书的章节命名也充分体现了中国传统语言学的"小学"传统。这本书中没有常见的"语法书"中的"词法、句法"等术语，而是以"章句学、音韵学"等术语为章节命名的。

②对中国传统文章学的继承和运用

在建构字本位汉语语言学理论体系的过程中，潘文国对文章学传统的合理继承和运用主要表现在两个方面：

第一，将《文心雕龙·章句》认定为"一篇汉语语法学的光辉论文"，并在全文引述此文之后，对刘勰的语法思想进行了深入的挖掘。刘勰的"因字而生句，积句而为章，积章而成篇。篇之彪炳，章无疵也；章之明靡，句无玷也；句之清英，字不妄也"成为潘文国先生构建汉语章句学"生成"和"调控"两个理论框架的理论思想来源。

第二，将严复对"语法"的认识与马建忠的语法观做了简要对比（"细读严氏《英文汉诂·自叙》，可知其语言观、语法观与马氏截然相反"），并将其作为"文章正轨"和"译事楷模"所提出的"信、达、雅"的内涵与篇章语言学的三条调控性原则（"信"就是效果性，"达"就是效率性，"雅"就是得体性）对应起来。

（2）借鉴

在字本位汉语语言学理论体系的建构中，潘文国先生主要借鉴了西方现代语言学中英国语言学家韩礼德系统功能语言学的语篇语言学分析以及波格朗和德莱斯勒篇章语言学中的"组成性原则"和"调控性原则"等合理元素。

①语篇语言学分析

潘先生在讲到"汉语篇章学"的时候，引述了韩礼德的语言学分析，认为他"做得比较好"。潘先生引述的重点是"上位分析"，因为"上位"即语篇层面。但是只有结合下位分析和本位分析，才能够理清语篇生成的全过程。综合潘先生的引述，可以画出韩礼德篇章语言学分析的简图（图1-1-3）。

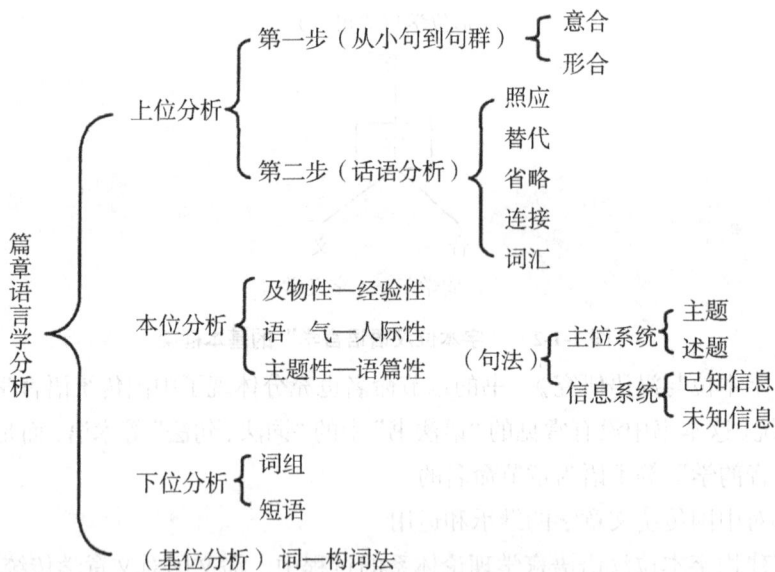

图1-1-3　篇章语言学分析图（扩充）

韩礼德实际上描述了现代语言学中从词法（"基位分析"）到短语和词组构成（"下位分析"），再到句法（"本位分析"），最后到语篇语言学（"上位分析"）的整体框架。这与中国传统语言学（刘勰《文心雕龙·章句》）中"因字而生句，积句而为章，积章而成篇"的生成过程是基本吻合的。

这样就在字本位的汉语研究与韩礼德的语篇语言学分析之间建立起一种近乎完美的对应关系。难怪作者指出："韩礼德的理论近年来在语言学界，特别是英语界影响很大，特别是讲语篇语言学的，一般都以韩氏为指归。……韩礼德的理念可为汉语研究所用的不少。"

②"组成性原则"和"调控性原则"

潘先生构建汉语章句学的过程中主要吸取了波格朗和德莱斯勒的"组成性原则"和"调控性原则"。这两条原则在生成和调控两个相反的方向上相互作用，保证了篇章的语篇性。而这"一上一下"两项原则与刘勰《文心雕龙·章句》

里的"因字而生句，积句而为章，积章而成篇"和"篇之彪炳，章无疵也；章之明靡，句无玷也；句之清英，字不妄也"的篇章生成与调控机制是完美对应的。

篇章的生成和调控形成了一个"由下而上、由上而下"两个方向上有机互动的机制；再加上严复作为"文章正轨"和"译事楷模"所提出的"信、达、雅"，就可以画出一个全面的篇章生成—调控互动简图，形成"中西合璧、兼容并包"的汉语章句学生成—调控的互动机制。

（3）建构

潘文国先生以"字"为本位，继承了中国古代语言学的主要元素，吸收了西方现代语言学的合理元素，建构了汉语语言学理论体系，包括语音（音韵学）、语形（形位学、章句学）、语义（字义学）、语用（音义互动）等现代汉语语言学分支。在大框架下"与国际接轨"，又尊重汉语的事实汉语语言，极具中国语言学特色，这的确是一种创举。在其著作的第五至第六章，潘先生分别论述了字本位汉语音韵学、形位学、章句学、字义学、语用学的具体研究内容，实际上是搭建起了字本位汉语研究在语音、语形、语义、语用等四个层面不同侧面（语形研究包括形位学和章句学两个不同的分支）的整体理论框架。

首先，以字为枢纽，建立起一个包括共时的通语研究（包括声韵调系统——下位分析，汉语音韵学：即音质、超音质、节奏与韵律——上位分析在内）、历时的音类与历史音韵研究和历时与共时并重的方言研究三个分支的"字本位"音韵学研究的框架。

其次，以汉字符号的象似性与连续性、"组合关系与聚合关系"的区分为理论基础，建立起了汉语字义学的基本框架。这一框架包括共时的字义学研究和历时的字义学研究两个不可偏废的分支。创造性地提出了汉字"谐音文化学"的概念。

再次，以"字"为枢纽，建立起包括形位学（包括字位学和形位学，形位学即字法研究）和章句学（包括构辞学、造句学和章句学，相当于中国传统语言学的句读学与篇章学，亦即西方语法中的句法学和篇章学）两个分支的汉语语形学，大致与印欧语的"语法"相对应。

最后，研究出了汉语"语言活动"的动力系统——"音义互动律"，明确了"音义互动是汉语语言组织的最根本规律"，探讨了建立字本位汉语语用学的基本思路：这个规律从语用出发，实际上体现了汉语从音韵，到语形，到语义的所有规律，是所有这些方面规律的综合。这个理论，也是字本位汉语研究的核心理论。……这个规律，正是汉语之所以为汉语的根本特点所在，一切外来的理论、外来的方法，最终必须经过这一规律的检验，才能确定是否适用于汉语。这一语言的组织规律，甚至影响到了汉人的思维方式，成了汉人思想文化的重要组成部分。

（4）建构特点

①追问

《字本位与汉语研究》一书从问题入手，循问题展开，探究汉语研究与西方现代语言学理论接轨，探究中国特色语言学建设的正道。

这些问题是作者在语言哲学层面对近百年来汉语研究的叩问，涉及字本位汉语语言学理论体系建构的认识论、本体论、方法论和价值论等语言哲学层面。提问的方式变化错落，有设问，或自问自答，或借他人之口述己之见；有反问，道理不言自明，发人深省；有追问，环环相扣，发人深省。有的章节的标题本身就是一个问题。这些问题，犹如一个个灯标，"至于幽暗昏惑之处"，让人眼前一亮，或可发现通往目标的坦途，或可辨明努力的方向，去探求前行的路径。这些问题的提出和对这些问题的回答，像一根红线，贯穿了全书的始终。

②反思

该书第一篇名为"汉语研究的世纪回眸"，通过哲学探究和批判性思辨，肯定了百年来汉语研究所取得的成绩，尤其是《马氏文通》对汉语研究和中国语言学发展的意义和贡献，更重要的是指出了20世纪汉语研究的失误（普世语法观、语法中心观、重语轻文和重音轻字情结、"科学主义"迷信），从哲学语言学的角度证明了"汉字研究应该属于语言学研究""以文字为中心的中国古代小学研究也是语言学研究"，为"建立汉语自己的本体语言学"，即"古今贯通、中西合璧"的字本位汉语语言学廓清了认识、明确了方向、奠定了基础。

就认识论而言，"字本位"理论表现出"不迷信'常识'""大胆怀疑"的精神，敢于"去闯那些人为设置的'禁区'"；正确地看待语言研究的"共性"与"个性"的关系，认为"这个问题已不是一个理论问题，而是一个实践问题"，建议"尝试真正从个性出发的研究"；认真对待汉语研究中的"两张皮"现象，"以平等的心态对待洋人，以积极的心态继承和发展传统"。

就本体论而言，潘先生的"字本位"理论从汉语语言文字的根本特点出发，以对"语言"的新定义（"语言是人类认知世界及进行表述的方式和过程"）为理论依据，结合西方语言学的理论成果，论证了语言与文字的关系，指出了"表意文字与表音文字"简单分类的不足，提出了"自源文字"与"他源文字"的发生学分类，认定"汉字是典型的自源文字"，进而论证了"自源文字"与"表意文字"、"他源文字"与"表音文字"的"重合性"，以及其与"象似性"与"任意性"的关系，指出"从亚里士多德以来直到20世纪形成的重音轻文的（语言研究）传统是片面的"，因而也是不科学的。这样就将汉字研究纳入了语言研究的视野（"以文字为中心的中国古代小学研究也是语言学研究"）。

就方法论而言，"字本位"理论的最大意义"在于转换了研究者的眼光或者说是看问题的角度，变从印欧语出发为从汉语出发……为汉语研究找出一条新路"。

③对比

一般人认为，"对比"只是一种方法。但是，当这种方法运用于形而上的理论建构，尤其是运用于哲学思考的时候，就会升华为一种思想。得益于其教育和学术背景，潘文国先生"对中、西语言学都有详尽的了解"，故而全书中处处能够发现中西、古今语言及语言学理论的相关论述，如关于《马氏文通》出版前后中国语言学研究传统的变化，关于普世语法观的历史变迁，关于语言符号象似性、共时性与任意性、连续性问题的讨论，等等，无不显示出作者对语言及语言学理论进行对比的深度。

第一，汉英语基本结构单位对比。书中最引人注目的是第四章关于"'字'与 Word 的对应性"的对比研究。以 word 是英语研究的本位［词是英语的天然单位、词是英语民族认识世界的基本单位、词是（英语）语言各个平面研究的交汇点、词在（英语）语法上处于承上启下的枢纽位置，是语法与句法的交接点］对照论证了"字"是汉语研究的本位（"字"是汉语的天然单位、"字"是汉语民族认识世界的基本单位、"字"是汉语各个平面研究的交汇点、"字"在语法上处于承上启下的枢纽位置，是"字法"与"句法"的交接点），突显了汉语的根本特点，也奠定了全书建构"汉语自己的本体语言学"的认识论和本体论基础。

第二，中西语言学传统和语言理论对比。潘先生的字本位汉语语言学理论建构中对于中国传统语言学主要元素的继承和对于西方现代语言学理论合理元素的借鉴是基于充分的对比之上的，书中关于中西方语言学理论的对比几乎俯拾皆是。作者对赵元任、吕叔湘、高名凯、王力、张志公等前辈语言学家的理论和观点的赞同、对《马氏文通》的辩证的批评和反思，都是建立在认真对比的基础之上的。对于西方语言学理论，他所反对的无非汉语研究中亦步亦趋的"跟着转"，而提倡的却是真正本于汉语实际的"拿来主义"。

第三，与其他的"字本位"理论模式对比。这方面的对比，最典型的实例就是术语的采用（或独创）。例如在关于汉语"字法"的研究中，潘先生就通过与各家的对比，"统一"了术语，并给出了建议英文译名。又如，在对汉语章句学的单位进行讨论时，潘先生也通过与现行用语和其他学者的用语进行比较，建立起一个"汉语章句学核心术语系统"。

这些极富深度的语言和语言理论对比，使作者站得更高，思考更辩证，构建的理论体系也就更加客观。

④创新

在哲学探讨、历史反思、理论对比和传统继承的基础上，潘文国先生提出的字本位汉语语言学理论体系多有创新，主要表现如下：

第一，对"字"的概念重新界定，稳固了字本位理论的基石。潘先生对字本位中的"字"进行了重新界定，将汉字的形也纳入字本位理论的框架中，并鲜明地提出了"汉字"是汉人的第二语言，突破了长期以来形成的"文字不是语言"的"常识"。将汉字纳入语言体系中，是根据汉语表意文字的特点而做出的准确论述，是字本位理论的一个创新和突破。

第二，以"字"为起点，贯通至"篇"。潘先生的研究成果突破了一百多年以来汉语研究以"句"为终点的局限性，构建起字本位汉语研究的整体理论体系，即以"字"为语言结构的基本单位，围绕"字"的形、音、义、用，构建起包括形位学、章句学、音韵学、字义学和语用学（音义互动）五个分支构成的汉语研究的整体理论体系。

第三，基于汉语历时的字义研究，提出了"谐音文化学"的概念。

第四，提出"音义互动"是汉语言的动力系统。潘先生提出，"音义互动是汉语组织的最根本的规律。……这一规律，正是汉语之所以为汉语的根本特点所在，一切外来的理论、外来的方法，最终必须经过这一规律的检验，才能确定是否真正适合用于汉语。"这一认识可以说是中国学者一个多世纪来追踪"汉语特色"的一个较新的总结。

潘文国先生的《字本位与汉语研究》以"字本位"为基础建构了汉语语言学理论体系，符合探讨汉语自身语言哲学和建设中国特色语言学的学术诉求，成为以中国古代语言学传统为基本内核、吸收西方现代语言学理论合理元素、符合汉语特点的现代汉语语言学理论，是 21 世纪初汉语研究和外汉对比研究的重大理论成果，也为普通语言学的研究做出了重要贡献。

汉语"字本位"理论的提出和发展往前承继了中国对比语言学肇始时期中国学者建设汉语语法学的初衷，尤其与"文法革新"挖掘汉语特点的努力相呼应，同时更与胡以鲁建构汉语本位的普通语言学相一致；往后则与对比语言学研究中"为民族语言学理论建设服务"的目标相一致，是对比语言学理论成果的一部分，也是对比语言学发展的必然结果。

2008 年，杨自俭先生的论文集《字本位理论与应用研究》出版，内容涵盖了字本位理论的创建、发展和价值，字本位基础理论研究和字本位理论的应用研究三个部分，吸收了字本位理论产生以来众多学者的研究成果，对汉字与汉语的关系、汉字的编码方式、汉语结构单位的组配规则等涉及字本位理论立论基础和方法论原则的重大问题进行了详细的探讨，特别对字本位理论在对外汉语教育、中国通用语文教育和中文信息处理等三个应用领域中的理论指导作用进行了论述。这本书实际上成为"汉语字本位研究丛书"的"导论"。跟其他任何理论一样，字本位理论也会经过一个理论与实践长期互动的自然过程，在实践中进一步丰富和完善。

3. "字本位"理论的分歧、争鸣、对话

自从汉语"字本位"语言学理论问世以来，其发展的道路并非一帆风顺的，来自不同方面的质疑甚至责难也一直陪伴着这一以汉字为"本位"的语言学理论。学界就"字本位"汉语研究存在分歧、进行争鸣是极为正常的事情，同时也是一件好事。这种争鸣有了一个更加宽阔的国际平台：参与争鸣的不仅仅是国内的学者，还有来自世界不同国家的汉语学者；不仅仅是汉语界的学者，也有来自外语界的学者；而争鸣的话题也不仅仅是语法体系和语言学理论问题，还包括语言教学、语际翻译、词典编纂和汉字的信息化处理等应用性问题。当然，尽管其主线是"字本位"与"词本位"之间的分歧，这些争鸣却不仅仅是就"字本位"汉语语法或汉语语言学理论一家而论，而是涵盖了"句本位""语素本位"等"本位观"，涉及语言哲学、普通语言学、语言类型学等各种理论问题。令人欣慰和鼓舞的是，由此而发的"汉语独特性理论与教学国际学术研讨会"已召开两届（2009、2013，上海外国语大学），为汉语研究中的不同观点和主张提供了一个很好的对话平台。第一届会议的研讨成果（34 篇研究论文）已汇集成册（《世纪对话：汉语字本位与词本位的多角度研究》）并出版。第二届会议包括大会主题发言和小组会议，共交流论文 44 篇，涉及汉语宏观和微观研究、理论与应用研究，以及关于汉语研究的普通语言学和哲学层面的思考等方方面面，在规模和档次上都有很大的提高。

总的来说，这种争鸣和对话是积极的、值得关注的，因为它确实能够促进汉语独特性理论与教学的研究，并能够在语言世界观的观照下为语言对比研究提供一个视角，形成了汉语语法学和汉语语言学理论研究"百花齐放"的局面，从而推动我国乃至世界对比语言学的发展，为建立中国的哲学语言学做出贡献，为普通语言学的建设做出贡献。

二、现代汉语风格理论研究成果

20世纪中国现代语言风格学的研究大体上经历了"发凡"草创、理论建设、十年停顿、短暂复兴、繁荣兴盛、深入发展等几个时期。据不完全统计，收入《中国现代语言风格学史稿》一书的独立发表的单篇语言风格学论文共有280多篇（不含语体学、风格学论文集里的语体、风格论文）。公开出版的汉语语体学、风格学专著和教材近20部，与汉语风格学有关的修辞学、辞章学、语言学、文学风格及外语文体学的专著和教材共150多部。可以说语言风格学的研究队伍由小到大，研究成果由少到多，学科地位由"附属"到独立。在理论体系上形成了由导论、本质论、构成论、类型论、应用论和方法论组成的"风格学基本原理"和独特的研究方法。在内容范畴上，还逐步形成了"狭义风格学"和"广义风格学"两种并存的学科体系。

纵观中国现代语言风格学史各个时期的研究成果，我们有理由说本学科在20世纪经过近百年，特别是经过20世纪30年代以后70多年的刻苦研究，已经基本形成了独立的学科体系。对其学科属性、研究对象和目的任务以及独特的理论框架和研究方法，学术界的共识越来越多，分歧越来越小。至于存在的一些争论问题，那是任何学科，特别是新兴学科、边缘学科在发生、发展及走向成熟过程中正常的现象。总的看来，学术界的研究成果大体上可以概括如下：

（一）导论或绪论方面

在导论或绪论方面，学术界共同认为，语言风格学是语言学的一个分支，是语言运用的学科，即属于"言语语言学"的范畴。其理论基础是"语言"和"言语"互相区分的学说。其研究对象是语言运用中即言语中的风格现象，包括全民语言中各种风格变异和风貌格调。在内容体系上，包括语言风格的定义、成因、分类和实际应用的规律，即定义论（本质论）、成因论（构成论）、类型论（范畴论）、应用论和方法论等。其目的任务是从整体上提高人们的语用能力，即言语修养；培养人们对各种语体风格的表达能力和欣赏能力，以适应言语交际的多种需要，进而形成优美独特的语言风格和良好的、现代化的"文风"，使人们的语言运用达到"随情应境""适度得体"的目的。在理论和实践的关系上，学术界有三种观点：一种认为语言风格学是应用语言学的一个分支，一种认为语言风格学是理论语言学的一个分支，一种认为语言风格学是语言理论和语言应用互相结合的学科。我们倾向于第三种观点，即要把语言风格学建成理论和实践相互结合的新兴的语言学科。

（二）定义论或本质论方面

在定义论或本质论方面，学术界先后提出了"措辞巧妙论""格调气氛论""风貌格调论""综合特点论""言语特点论""表达手段体系论""语言艺术论""言语变体论"或"常规变异论"以及"语言最高表现论""语言的整体美学面貌论"等十多种理论学说。其中以"格调气氛论"和"综合特点论"引用居多。同时正向着吸取各种学说的"合理内核"，综合运用各种论点和"美学面貌论"的方向发展。以上定义用语的角度不同，术语来源不同，句子长度不同，但有一点基本相同，实质相同，即不同程度地说明了"言语风格"或"语言风格"的学科属性、形成因素和表达手段的系统等，以此揭示这一概念的内涵，限定这一概念的外延，并以此把"语言风格"和其相邻概念"文学风格""文章风格"以及"文风"等区别开来，明确其联系性和区别性。

我们根据语言风格学的基本原理，吸收学术界的研究成果，认为语言风格即言语风格是人们在特定的语境中运用语言、选择表达手段、形成综合特点所表现出的风貌格调（审美类型）。简言之，即言语特点表现的风貌格调。就其形成和在言语作品中的层次地位来说，它是语言运用的最高平面，是修辞效果的集中表现。广义风格论（主要研究各种语言风格）和狭义风格论（主要研究语体风格，即功能风格）争论的主要焦点问题是静态的"语言特点"和动态的"言语格调气氛"的关系。如果从语言运用的言语特点或在特定交际场合中形成的格调气氛出发来研究语言风格现象，那就会逐渐取得共识。事实上，持广义风格论的学者基本上也都认为语言的"民族风格"是语用中产生的一种言语风格类型，而不是语言结构体系本身特点的类聚系统。

（三）成因论或构成论方面

在成因论或构成论方面，学术界相继提出了语言表达功能论和语言表现方法论、语言的"风格要素"论和"风格手段"论、主客观二因论、共性个性二因论、"语言变体论"和"言语变异论"、风格形成的"外部因素"和"内部因素"论、"语言的风格手段"和"非语言的风格手段"论、风格形成的"制导（制约）因素"和"物质（材料）因素"论、"外观形态的风格要素"和"内蕴情志的风格要素"论，以及字词句章的风格色彩、风格要素和风格作用理论等。在此基础上开始提出主观和客观、内部和外部以及共时和历时等多角度、多层次的风格范畴系统论。我们倾向于运用以上多种理论学说来说明语言风格形成的原因和表达的手段，而主要运用主客观二因论、内外二因论和"制导因素"与"物质因素"二因论，并在风格手段中强调选用"修辞同义手段"在形成各种风格中的重要作用。

（四）类型论或范畴论方面

在类型论或范畴论方面，学术界根据语言风格形成的各种因素和各种标准，相继提出了划分各种风格类型的范畴体系。例如：根据风格成因多角度划分为民族风格、时代风格、地域风格、流派风格、语体风格、表现风格和个人风格等的广义风格类型体系；根据语言的"功能原则"和"功能变体"划分为以"各种功能风格"为中心的狭义风格类型体系；根据"客观因素"和"主观因素"划分为以"客观风格"和"主观风格"为两大范畴的类型体系；根据民族语言的"外部研究"和"内部研究"两种方法划分为以"民族风格"及其"内部风格"为两大范畴的类型体系；根据风格形成的"外部因素"和"内部因素"划分为以"外部风格"和"内部风格"为两大范畴的类型体系；根据风格的"历时性"和"共时性"等因素划分为以"共体性风格"和"非共体性风格"为两大范围的类型体系；根据风格的"共性因素"和"个性因素"划分为以"共性风格"和"个性风格"为两大范畴的类型体系；等等。

这些范畴系统的第一层次是一组相对的较大的风格类型，是互相依存的风格系统。同时还有根据语言表现类风格的形成因素和对应关系划分的"三组六体""四组八体""五组十体""六组十二体""七组十四体""八组十六体"等表现风格类型体系以及根据语言风格互相之间的层次关系划分的各种类型体系。学术界倾向于多角度、多侧面、多层次地划分风格类型的体系以及共性风格和个人风格互相关系的类型体系，以便在共性风格的基础上培养优美独特的个人风格。

在语言风格类型的总体系（大系统）中各"子系统"的分类理论和互相关系也是很重要的。上面谈到的语言表现风格（或"体性风格"或"修辞风格"）在中国传统风格论中论述较多，对应比较整齐。如简约和繁丰、朴实和华丽等，是应用比较广泛且容易进行术语规范的开放系统。争论主要体现在语言风格和文学风格的关系以及广义风格学和狭义风格学的研究对象和范畴上。而对"语体"和"语体风格"的分类和范畴系统则分歧较大。因受外国（包括苏联和西欧大陆）的语体论或文体论的影响，我国学术界对"语体"和"风格"的关系及相关术语的使用也不尽一致。如半个世纪以来，学者几乎公认要根据语言运用的"功能标准"（交际功能），而不要根据"体裁标准"和"语言形式"（口语和书面语）等相关因素给语体分类，并常讲"语文体式"（语言体裁）和文章体裁不同等。但在具体分类时，却有不同的"侧重点"和"结合点"，因此，分类的结果自然不同。概括起来，大体有以下几种分类情况：

第一，根据交际场合，结合语言形式（传媒特点）的标准，把现代汉语语体首先分为"口头语体"（谈话体）和"书面语体"（文章体），或者认为各种语体都有"口头形式"和"书面形式"。

第二，根据交际功能（写作目的），结合文体特点（体裁功能）的标准，把"书面语体"（文章体）再分为文艺体、科技体、政论体、公文体等四大语体，再把"文艺语体"分为韵文体、散文体、戏剧体等。

第三，根据语用功能，结合思维类型的标准，把现代汉语分为文艺语体（主要用形象思维）、实用语体（主要用逻辑思维）、交融语体（兼用两种思维）。

第四，根据交际功能，结合专业领域的标准，首先把现代汉语分为基本语体（日常生活交际所形成的语体）和专业语体（指社会各领域因专业需要所形成的语体。包括法律语体、广告语体、新闻语体、科学语体、宗教语体、政治语体、新闻语体、艺术语体等）两大层次，然后再进行专业语体的下位分类。

第五，根据语言的"功能风格"标准，在多层次分类的前提下重点讲授谈话语体、艺术语体、政论语体、科学语体、事务语体、报道语体等。

其中第三种和第五种运用统计法进行定量分析比较充分。

此外，还有受到外语语体风格论的影响，根据语言的风格变体和表情气氛等，把语体风格分为亲昵体、冷淡体、正式体、庄严体等。这自然涉及交际对象、交际场合等交际功能的因素。

尽管上述二分法、三分法、四分法、五分法、六分法、七分法、八分法等多层次语体分类的侧重点和结合点的标准不同，但我们还是不难发现其中"同中之异"。归纳起来可以说，中华人民共和国成立以来影响最大的是谈话语体和四大书面（书卷）语体（文艺体、科技体、政论体、公文体），它们得到大众的认可，被广泛引用。文艺语体、实用语体和交融语体的理论也颇有影响。同时学者又根据历史发展，即现代汉语、当代汉语的历时特点，补充了新闻语体、广告语体、法律语体等新兴语体，说明了它们的语言材料、修辞方法的功能体系和风格特点。这符合语体发展的客观规律。因为语体作为全民共同语的支脉和变体并不是静止、封闭的系统，因此建立在语体基础上的功能风格是稳中有变的、互相交错的。它们和相关因素的关系（区别性和联系性）也只能大体概括，而不能简单对应。学术界对"语体"和"风格"的关系有以下三种看法：

第一，把二者看成"同一关系"，认为"语体就是风格"。

第二，把二者看成"种属关系"，认为语体是风格的一种。

第三，把二者看成"并列关系"，认为语体是语体，风格是风格，语体是语言的功能体系，风格是言语综合特点表现的风貌格调，而且用"语体风格"表示"功能风格"，并认为功能风格是语言风格的一种重要类型，是形成多样化言语风格的基础。

总的来看，第一种是少数人的观点，第二种是长期以来多数人的看法，第三种也是多数人的看法。我们倾向于第三种观点。因为这样便于语体风格学内部相关学科的分工合作，即"语体学"专门研究语体，"狭义风格学"主要研究语体风格（功能风格），而"广义风格学"则研究民族语言的各种风格。如现代汉语风格学研究现代汉语的民族风格、时代风格、地域风格、语体风格、流派风格、个人风格和表现风格等。当然，学术界对民族风格、表现风格和个人风格等仍有不同的看法。如对民族风格就有以下三种看法：

第一，狭义风格学认为民族风格是"静态风格"，即民族语言结构要素本身的特点，语言风格学不必讲它，可以在普通语言学里讲它。

第二，广义风格学认为它是"动态风格"，即民族风格是民族语言特点和民族文化特点在语言运用中的表现，应该在语言风格学或言语风格学中讲它。

第三，有人认为民族风格可以分为"语言的民族风格"和"言语的民族风格"，在修辞学、风格学、辞章学中讲的应该是后者，而不是前者。

我们倾向于第三种观点。

学术界对语言的表现风格大体上也有三种看法：

第一，认为"表现风格"就是"言语风格"或者说"言语风格从总体上看就是表现风格"。

第二，认为"表现风格就是个人风格的类型化"或称"个人风格"。

第三，认为"表现风格"是言语风格的一种类型，是广泛应用的修辞风格，即语言风格"在表现上的分类"。

我们倾向于第三种看法，认为语言的表现风格就是言语风格的一种类型，它可以概括各种言语风格的特点和格调气氛，但不等于言语风格的总概念。它也经常被用来概括个人风格，特别是作家语言风格的类型，但不等于个人风格，因为它也经常被用来概括其他语言风格的类型。

对言语个人风格的看法，大体上也还是有三种观点：

第一，认为言语的个人风格就是作家个人的言语风格。

第二，认为每个人都有自己的言语风格，甚至认为学生的作文都有个人特点，因此也都有个人风格。

第三，认为言语的个人风格是一个人在语言艺术上成熟的标志，不仅作家有个人言语风格，其他人只要语言运用达到成熟的程度也可能形成自己独特的风格，如演说家、政论家、专家学者和新闻工作者、节目主持人、编辑、教师等。作家个人的言语风格只是言语个人风格的典型代表。

我们倾向于第三种观点，认为第一种观点是缩小了概念的外延，第二种观点是扩大了概念的外延，只有第三种观点才符合客观实际。因此，它越来越被大多数学者接受。

（五）应用论或功用论方面

在应用论或功用论方面，学术界经过几十年的探讨，越来越重视论述语言风格学的功用，为达到本学科的教学目的，学术界加强了语言风格理论的应用研究，并逐步形成了一系列共识。

首先，学术界公认语言风格理论的应用原则主要是"适度""得体"，即要掌握分寸，灵活变通地适应言语交际中的语境和语体特点。同时要在遵守"语言规范"的基础上注意"言语规范"（风格规范），在把握好语体特点的基础上，创造多样化的言语风格；并要在掌握好风格辩证法的前提下，注意处理好"风格规范"和"风格变异"、"风格模仿"和"风格创造"、"风格培养"和"风格形成"的相互关系。

其次，学术界公认风格理论的应用范围十分广泛，可以说它适合于一切言语交际的场合和领域，包括日常谈话的口语交际和社会各专业的书面语交际领域。因此要进一步重视语体风格和语言教学的应用研究，重视培养人们对语言风格的创造能力和赏析能力，并要根据语境语体和外语翻译的实际情况，灵活转换各种语体风格，进而在各种共性风格的基础上形成独特的优良的个人言语风格。这是一个人言语修养的最高表现，也是一个民族语言丰富发达、风格多样的具体标志。

（六）方法论方面

在方法论方面，学术界几十年来已经归纳了语言风格学常用的研究方法，即在哲学辩证法和逻辑方法（归纳和演绎）的指导下，主要应用现代语言学的描写法、分析综合法、比较法、统计法、观察实验法、动态研究法等，并要具备一定的"风格感"和丰富的想象力，把定性分析和定量分析、微观研究和宏观研究结合起来。同时要吸收信息论、系统论等现代科学的方法，使语言风格理论研究进一步走上现代化、科学化的道路，使现代汉语风格学的建设从繁荣发展走向成熟。

三、现代汉语语言理论方面的研究成果

（一）语言理论概述

语言理论是对语言现象进行分析后得出的规律性结论，用来指导言语的习得、言语的计算化。语言理论的高低一方面决定于其解释力，尤其是对汉语这种传承千年的孤立语的解释力；另一方面决定于其简洁性，语言理论越是简洁，其应用效率就越高。语言理论就是以最简单的规律来最大限度地描写和解释言语现象。汉语是同印欧语系诸语种区别较大的一种语言类型，在语音、词汇、语法上有自己显著的特点，特别是现代汉语。这使得多种语言理论在对其进行描写和解释时都略显苍白。于是，在习得汉语时困难最大，在汉语计算化时问题重重。

（二）语言理论与现代汉语

1. 历史比较语言学与现代汉语研究

19 世纪，在生物进化论的影响下，历史比较语言学取得了长足的发展。历史比较语言学是对各种语言的语音、词汇、语法进行比较，以确定语言间的亲疏远近，建立谱系树，构拟各阶段的原始语的学科。

英语语言学家威廉·琼斯是历史比较语言学界公认的创始人，他发现了梵语和拉丁语之间具有亲缘关系。法国语言学家史莱格尔首创"比较语法"的概念，并提出了语言的发展说和语言类型的等级说。丹麦语言学家拉斯克、德国语言学家格里姆和葆朴发展了历史比较语言学，拉斯克是第一个系统地比较语音关系并发现语音规律的学者，格里姆以"格里姆定律"著称于世，葆朴提出了"语言是生命有机体"的观点。德国语言学家洪堡特和施莱歇尔是历史比较语言学的集大成者，洪堡特的贡献在于提出了语言是创造性的，语言是民族的产物以及如何区分不同的语言类型；施莱歇尔重建了原始印欧语，建立了谱系学说，并概括了语言类型的不同特征。19 世纪 70 年代活跃在德国语言学界的青年语法学派进一步深入研究，试图寻找到语言变化的原因。

20 世纪后，借鉴历史比较语言学的相关理论，我国的李方桂、王力等著名语言学家对汉藏语进行了研究，取得了不小的成绩。上古、中古汉语的语音系统得以重建，对古文学的研究有巨大的推动作用；我国境内某些晦涩难懂的语言是汉语方言还是同一语系的不同语言抑或是不同语系的语言基本能够确认，对民族的划分予以有效的帮助；我们已经大体上能够判断哪些语言和汉语有亲缘关系，有力地促进了历史发展的研究。然而，历史比较语言学在运用于我国

诸语言的比较分析和系属分类时，也遇到了不小的难题。

首先是缺乏显性的形态依据。汉语及其相关语言的语素基本都是单音节且没有形态变化，这些语言思想意义的表达主要通过词序和虚词的运用。于是，增加了同源词确认的难度，同时也很难从显性的证据来判断语言关系的亲疏远近。

其次是同源词的确认具有一定的难度。一部分原因是汉语及其相关语言没有形态变化，另一部分原因是语言的接触和疏离。由于语言的接触和演化，借词充斥于各语言中，有些借词的年代相当久远，貌似同源词，于是乎，分清同源词和借词实在太难。由于语言的疏离和发展，一些语言中已经很少有同源词的痕迹，若不仔细辨别，很难发现这些语言同汉语的亲缘关系。同源词的确认在汉语及其相关语言划分亲属关系时是一个大难题。

最后是构拟的原始语可能不够准确。一部分原因是同源词中掺杂了借词，使得原始语的构拟出现偏差；另一部分原因是同源的词已经消失，造成了原始语构拟的缺失；还有一部分原因是原始语的构拟没有建立在夯实的基础上，对个别语言的研究缺乏深度，于是，建立在个别语言研究基础上的各层级原始语的构拟就像地基不稳的楼宇一样飘摇不定。

以上种种问题，引起语言学界对汉语及其相关语言亲属关系划分的一些争议。如高山语的归类，侗台、苗瑶语族的隶属，以及超语系的建立，等等。而且，这些问题不是单纯的语言问题，还涉及历史、政治等领域。

2. 索绪尔的语言理论与现代汉语研究

索绪尔脱胎于历史比较语言学，受青年语法学派的影响，却从语言的系统性入手，立足于语言的不规则之处，是结构主义语言学理论的鼻祖。索绪尔的语言观主要包括以下几个方面：

首先把语言分为普遍性的语言和具体性的言语两类，指出语言研究的对象首先是普遍性的语言的系统结构；

其次是语言符号观，认为语言是符号系统，包括能指形式和所指概念，语言符号具有任意性，且随时间的变化而变化，语言符号是线性的序列且具有持续性；

再次，认为语言的系统性体现于横向的句段关系和纵向的联想关系；

最后把语言研究分为共时研究和历时研究两种，强调共时研究，认为历时研究是建立在共时研究足够充分的基础上的。

借鉴索绪尔的语言观，我国的语言学家赵元任、朱德熙、黎锦熙、吕叔湘等对现代汉语语法进行了研究，提出了不少优秀的见解。比如：从具体的言语中剥离出普遍的语言进行分析；指出汉语语素的音义结合也具有任意性和变化性；根据横向和纵向关系，提出了组合和聚合的概念；指出汉语语言学研究的注意力应集中于现有的汉语方言。

然而，索绪尔的理论在运用于汉语时并不是一帆风顺的。

首先是汉语方言的认定问题。目前，对于某些地方的语言究竟是不是汉语方言尚存在很多异议，因此，在此基础上所做的语音、语法分析的正确性有待商榷。

其次是组合和聚合的多样性。同一形式的组合可以表达不同的语法意义，比如"鸡不吃了"；在某一线性序列中可以替换的范畴可以出现在其他线性序列的不同位置上，比如"我做了功课"中的"功课"可以用"研究"替换，而"研究"既可以出现于"研究功课"中，又可以出现于"功课研究"中。

最后，汉语中有大量的同音词，相同的形式指示着不同的概念，这使得符号的排他性受到了很大影响。于是，听话人如何区分这些同音词成了汉语研究的难点和重点。

3. 结构主义与现代汉语研究

结构主义是 20 世纪前半叶语言学研究的主流，主张对语言符号系统进行层次研究，在研究时采用区别特征的形式。结构主义的这些研究方法对其他社会学科产生了深远的影响。结构主义包括布拉格学派、哥本哈根学派和美国描写语言学派三个流派，他们各有所长。

布拉格学派以音位研究见长，俄国语言学家特鲁别茨柯依提出了"音位学说"，美籍俄裔语言学家雅各布逊引入了"区别特征"的概念，在语法研究上，这一学派建立了"句子的切分"学说。

哥本哈根学派的代表人物是丹麦语言学家叶尔姆斯列夫，他的主张是语言符号可以分为内容平面和表达平面，每个平面均有自己的形式和实体，语言研究的任务就是阐述表达平面和内容平面的关系。在研究方法上，他注重假设和演绎，他的语言观和研究方法具有数学性。

美国描写语言学派以布龙菲尔德为核心代表，他提出了 $S \rightarrow r \cdots s \rightarrow R$ 的语言行为理论。在语音方面，该学派分开了语音学和音系学，采用替换法研究音位；在语法方面，该学派提出语法是通过词序、变调、变音和形式选择四种方式来实现的排列，创造了语素、词根、曲折等一系列的术语。

借鉴结构主义的语言观，我国的语言学家如朱德熙、吕叔湘等在现代汉语研究方面发表了很多杰出的观点。比如：采用区别特征进行音位、语素、语义的描述，划分了句法成分和词类，并对其对应关系做了研究，运用替换法来研究音位，区别语素和词，分辨表面相同的句子形式，等等。

结构主义在汉语研究中也不断遭遇难题。

首先是词类的存在与否及划分标准问题。因为同一个词可以充当不同的语法成分，而某一句法成分可以由不同的词类来填充，这使得部分人认为词类的划分并无意义，经过几十年的争辩，语言学界对此依然没有定论。对于认为词类存在的学者，划分标准又成了争论的焦点，如只采用替换的方法，就会出现很多的兼类词和不定的句法成分。

其次是句法成分的分析问题，尤其是主语和宾语的认定。因为汉语构句经常省略和移位，这使得主宾语的判定不能仅仅依靠线性位置。还是拿"鸡不吃了"举例，如果依据线性位置，"鸡"是主语，但如果这里是省略了主语呢，比如"我们"，这时，"鸡"就是移到谓语前的宾语。

最后是形式与意义的对应问题。同一形式可以表示不同的语法意义，比如上面的例子"鸡不吃了"，既可以表示主动，也可以表示被动。不同的形式也可以表示同样的语法意义。比如"一本书在桌上"与"桌上有一本书"都表示书在桌上。

4. 转换生成语法与现代汉语研究

转换生成语法研究的是人类之所以会产生语言的原因以及如何完成对新句子的理解。1957年，美国哲学家、语言学教授乔姆斯基的《句法结构》一书正式出版，这标志着转换生成语法问世。乔姆斯基受教于美国描写语言学派的大师哈里斯，却因为理性主义哲学的影响和自觉结构主义在语言研究中问题重重，创出了具有高度概括性和解释力的转换生成语法，语法学界给予其"乔姆斯基革命"的高度评价。

转换生成语法经历了前古典理论时期、古典理论时期、标准理论时期、扩展的标准理论时期、支配和约束时期、最简理论时期共六个阶段。重要的语言观包括：语言研究的目的是"三个充分性"；语言包括语言能力和语言表现两个部分；语言研究的首要对象是语言能力——存在于人脑的语言结构；语言分为深层结构和表层结构，我们平时所说的话是由深层结构到表层结构的转换；语音和语义是在表层结构赋予句子解释性的形式；转换的方式是移位和添加。

借鉴乔姆斯基的语言观，陆俭明、沈阳等语言学家对汉语语法的一些问题进行了研究。比如：运用移位理论分析汉语中的同义异序句，运用配价理论解释部分歧义句，运用 X-bar 理论说明"的字结构"，运用指称理论描述古代汉语和现代汉语的指示。

转换生成语法应用到现代汉语研究中时日尚短，不过依然可以发现不少问题。

首先，理论系统日渐庞大。随着对语言现象解释的不断深入，转换生成的原则越来越多，这违背了乔姆斯基提出转换生成语法的初衷——人所具有的语言能力是最简的语法结构。虽然乔姆斯基对自己的研究做了总结，写出了《最简方案》，但是最简三原则明显不能解决汉语的很多问题，比如上文提到的歧义句和"的字结构"等问题。如果对其加以补充，就会无法避免地走上繁复的老路。

其次，每句话的形成都经历了复杂的移位和添加，都有极为复杂的树形结构图，复杂的转换过程明显不符合语言能力的最简性。用这种复杂的层次来解释汉语句子，有种杀鸡用牛刀的感觉，因为汉语中省略较多，有时一个词就能构成句子。

上述诸语言理论都能对现代汉语进行一定程度的描写和解释，但是均不够充分。目前，已有学者把认知语言理论引入现代汉语研究，试图对汉语中的语音、词汇、语法进行描写与解释，比如沈家煊。但其结果是可想而知的，这些语言理论都是基于西方的语言建立起来的，即使人类语言存在普遍性，这些理论也不可能对汉语的各种现象做出全面的解释。所以，如果想要汉语的研究有所飞跃，就不能照搬西方理论，必须在描写现代汉语各种现象的基础上，建立起汉语自己的理论体系。

第二节　现代汉语研究的发展前景

在过去的半个多世纪，广大语言文字工作者倾心于现代汉语规范化建设，确定了普通话的标准，使现代汉语全面适应全民学习的需要，适应社会政治、经济、科学和文化发展的需要。

进入 21 世纪以来，全国上下更加齐心协力奔小康，普通话作为汉民族的共同语，也更加突显其在社会发展中的重要基础作用。的确，一个高效运作、丰富多彩的社会离不开语言的表达；要创造先进文化，继承传统的优秀文化，也离不开语言这个载体；经济的飞跃发展更离不开规范的、标准的语言来传递信息、维系运行和推动流通。随着普通话的逐步普及推广，人们开始有了一个新的讨论话题：普通话推广的力度如何把握。

进入 21 世纪以来，在经济全球化的背景下，以各种语言为载体的思想文化和价值观相互冲击，相互竞争，许多国家和民族都把保护和规范本民族的语言作为建设社会文明的重要内容，都把语言珍视为民族的独特标志和可贵财富；发达国家更是不遗余力地促进本国语言的规范和发展，并且创造条件千方百计地强化对外传播，借此竭力扩大其民族的思想和文化影响。作为新崛起的东方巨龙，我们需要拥有高度统一的具有影响力的共同语。现代汉语聚集了中华民族的智慧，承载和浸润着民族精神和品格，在凝聚中华民族、维护国家统一方面发挥着不可磨灭的作用。普通话既是汉民族内部最重要的交际工具，同时也是国内各民族之间交际的通用工具。我们普及普通话，正是为了保持民族文化先进性、增强民族文化号召力和提升民族凝聚力。国人的普通话水平是国家教育和文化水平的重要标志，是全体公民接受人才资源开发、拥有个人就业能力、体现综合素质的必然要求。

随着改革开放的不断深入，我国国际地位也不断提高，普通话的国际化趋势愈来愈明显，其影响力仅次于英语。这是因为，我国的现代化进程有力地促进了语言的强势发展。在实施改革开放的 40 多年中，我国的国际影响力日趋扩大。中国需要了解世界，世界也同样需要了解中华文化，了解拥有独具魅力的集古老文明与现代文明于一身的伟大国度，揭开东方文明的面纱。21 世纪初，我国的经济建设迅猛发展，尤其是振奋人心的全面建设小康社会战略在全世界产生了巨大的影响，国际社会一致看好我国的经济发展实力和后劲，现代汉语热也就应运而生。

经济、文化和科技的进步，使我国的综合国力越来越强大，政治威望迅速提升，海外华侨华人深刻感受到祖国强大给他们带来的优势，众多华语学校再度获得生机，华语课程设置已经走向合法化；我们和东南亚以及周边其他国家和地区不断升级的经济合作，明显提升了现代汉语在海外经济社会生活中的价值，普通话成为我国综合国力强大的象征。海外孔子学院的建立也进一步显示了现代汉语的国际化地位。普通话的对外传播从一个侧面预示着国家影响力的提升。

21 世纪是经济全球化、文化多元化和政治多极化的时代，是一个人际交往和国际交流越来越频繁的时代。现代汉语随着我国政治、经济、文化和科技水平的不断强大，已经在世人面前展示出了魅力。面向世界各地的华人，面向使用现代汉语的国家和地区，现代汉语规范化的视野必须更加拓宽，现代汉语统一的标准必须更加科学，语言工作的观念必须进一步创新。只有这样，才能保证现代汉语继续往强势化语言方向发展。

第二章　现代汉语教学现状分析

本章内容为现代汉语教学现状分析，主要从三个方面进行介绍，分别为现代汉语概述、现代汉语教学概述、现代汉语教学存在的问题及对策。

第一节　现代汉语概述

一、现代汉语的形成

汉语是汉民族的语言，也是我国人民使用的主要语言。从历时角度看，汉语经历了古代汉语、近代汉语和现代汉语漫长的历史演进过程。现代汉语是古代汉语的发展，是在近代汉语的基础上形成的。

早在先秦，我国汉民族就有一种统一的书面语。这种书面语，当初与口语是一致的，随着时间的推移，逐渐脱离了口语，成了文人的专用语，这种语言一直沿用到"五四"时期，通常叫"文言"或"文言文"。古代汉语就是以"文言"或"文言文"为研究对象的。古代汉语中的基本词和基本语法是近代汉语演进和发展的源头。

唐宋以后，汉语出现两种新的情况：

一种是与"文言"分庭抗礼的"白话"（白话文）。这种"白话"以北方话为基础，保留了较多的口语成分，唐代的语录、宋代的平话、元明清的戏曲和小说都是用白话写的。这些作品流传到非北方话区域，拥有广大的读者，并且促使非北方话区域的人也用白话来写作。因此，这种白话文学大大促进了北方话的推广。

另一种是与"白话"紧密结合、平行发展的口语，即"官话"。宋以后，北京成了我国政治、经济、文化的中心，北京话作为官府的语言传播到全国各地，逐渐成了各方言区域之间共同使用的交际工具，可见当时的"官话"实际上不是专为官吏阶层使用的官场雅语，而是全民的共同语。"白话"和"官话"

的基本语汇和基本语法是现代汉语形成的基础。

20 世纪以来，尤其是五四运动时期，随着民族民主运动的高涨，掀起了"白话文运动"和"国语运动"，前者要求排除"文言"，后者要求口语统一。这两种运动汇合为一，力量更加壮大，加速了现代汉民族共同语的发展。一方面"白话文运动"彻底动摇了文言文的传统地位，使"白话"取得了文学语言的地位；另一方面"国语运动"又给以北京话为中心的北方话以一种民族共同语的地位。这两者结合起来，就改变了以前言文不一致的局面，形成了口头语与书面语统一规范的语言。

新中国成立以后，国家的统一，民族的团结，政治、经济、文化的发展，迫切需要一种统一的规范的民族共同语。我们的党和政府在这方面做了大量行之有效的工作，推进了现代汉语的发展，提高了现代汉语的交际功能。1955 年10 月，中国科学院哲学社会科学部在北京召开了现代汉语规范问题学术会议。这次会议为现代汉民族共同语的健康发展和全面推广解决了两个根本性的问题：一个是给汉民族共同语确定了一个非常明确的标准，分别对语音、语汇和语法的规范做出了科学的规定；另一个是国务院决定将普通话作为汉民族共同语，在全国大力推广，让民族共同语充分发挥它在政治、经济、文化各个方面的巨大作用。这样，我们就有了一个统一的规范的民族共同语，即现代汉语。现代汉语有两种含义：一种是统指现代汉民族共同语和方言，这是广义用法；另一种是狭义用法，只指现代汉民族共同语——普通话。

现代汉语有口语和书面语两种不同形式。口语是人们口头上使用的语言，稍纵即逝，难以流传久远；书面语是用文字写下来的语言，是在口语基础上形成的，难以消失，便于研究，便于流传。口语和书面语风格不同，作用有别。现代汉语文学语言是在书面语的基础上经过加工、提炼而成的，是民族共同语的高级形式。现代汉语文学语言不仅包括文学作品语言，也包括社会科学和自然科学著作语言。

二、现代汉语——普通话

现代汉民族共同语是以北京语音为标准音，以北方话为基础方言，以典范的现代白话文著作为语法规范的普通话。这里给语音、语汇和语法分别规定了不同的标准，原因是语音、语汇和语法三者性质各不相同，不能用同一标准。

普通话以北京语音为标准音，这是历史发展的必然结果。语音的系统性极强，不可能采百家方言杂拼成一个标准，也不能以北方话整个地域的语音为标准，因为北方话各地点方言的语音分歧还是相当大的；只能以一个地点方言的语音为标准，否则就会令人无所适从。北京话自宋元以来作为"官话"传播各地，五四运动又把北京话作为"国语"广为推行，而近几十年来的话剧、电影、曲艺和广播用语采用的也是北京语音。同时，北京语音的音系也非常简明，只有 400 个基本音节、4 个声调。可见，北京语音在汉民族共同语的标准音地位是早已确定并为人们所公认的了。

民族共同语是超方言的，同时又是以一种方言为基础的。普通话语汇以北方话为基础方言，这是由北方话的影响和地位决定的：北方话分布广，使用的人口多，从黑龙江到云贵高原，从玉门到长江沿岸都属北方方言区，汉族人口中说北方话的有 73% 左右；宋元以来一些著名的文学作品大都是用北方话写的，这些文学作品不仅对汉族，对其他民族也有广泛的影响；北方的代表城市——北京，几百年来是我国政治、经济和文化中心，其语言影响最大。可见把北方话作为普通话的基础方言，也是历史发展的必然结果。

普通话语汇以北方话为基础，但某些次方言中过于土俗的词语，如"地板"（地）、"抄手"（馄饨）等要予以舍弃；另外，为了丰富和发展普通话语汇，也要从其他方言中吸取所需要的词，从古汉语中吸取有生命力的词，从外来语中吸取有表现力的词，此外还要吸取经得起社会和时间考验的新生词。

普通话的语法是以典范的现代白话文著作为语法规范，原因是语法具有概括性、稳固性、民族性和递归性特点，相对于书面语而言，口语不如书面语那样经过加工、提炼和推敲而显得精密、成熟和规范，所以语法规范只能选用典范的现代白话文著作，而且典范的现代白话文著作也只能取一般的用例，不取特殊的用例。以典范的现代白话文著作为语法规范，同以北方话为基础方言这个原则并不矛盾，因为典范的现代白话文著作是用普通话即民族共同语写成的，是经过语言巨匠加工提炼的语言。

新中国成立后，随着国家的统一、民族的团结、社会的发展和经济文化的交流，政府越来越注重民族共同语的交际功能，不但采取了一系列有力的政策和措施来推广普通话，而且《中华人民共和国宪法》第十九条明确规定："国家推广全国通用的普通话。"这就是说，普通话不仅是汉民族的共同语，同时也是我国各民族之间进行交际的共同语。

三、现代汉语——方言

方言是民族共同语的地域分支或地方变体。汉民族除了共同语——普通话之外，还有许多种方言。这些方言是在漫长的历史过程中形成的，自成完整的语言体系。山川阻隔、交通不便，行政区划管理的分隔，人口迁移等是形成我国方言分歧严重的主要原因。汉民族共同语与方言虽有较大的差异，但由于语音上有整齐的对应规律，基本语汇和语法也大体相同，又有共同的书面语，因而它们并不是与普通话并立的独立语，而是民族共同语的地域分支。汉民族共同语与各方言之间关系密切。共同语要从汉语方言中吸取一些有表现力、生命力的成分来丰富自己，使自己更富有表现力；各方言也会融进一些共同语成分，以满足本地区随着时代发展而产生的新的交际需要。

我国幅员辽阔，人口众多，由于历史和现实的多种因素，造成我国汉语方言复杂、分歧严重的现实。《中国语言地图集》对我国汉语方言做了比较细致的划分，这里做扼要介绍。

（一）汉语的十大方言

1. 北方方言

北方方言是民族共同语——普通话的基础方言。北方方言分布在我国长江以北和云南、贵州、四川三省及重庆市的广大地域，使用人口约占汉族总人口的73%。北方方言内部一致性强，各地方言基本上可以通用。

2. 晋语

晋语分布在我国山西省境内及相邻的内蒙古、河北、河南、陕西的部分地域。晋语区虽然地处我国北方，但还保留着带喉塞音尾的入声，因而与周边的北方方言（官话）有明显区别。

3. 吴语

吴语分布在江苏省东南部、上海市，以及浙江省及相邻的赣东北、闽北地域。

4. 徽语

徽语分布在安徽省南部（旧徽州府）、浙江省西部（旧严州府）和江西省东北部等地域。

5. 赣语

赣语分布在江西省中部和北部、湖南省东部和西南部、湖北省东南部（鄂南），以及安徽省南部、福建省西北部的部分地域。

6. 湘语

湘语分布在湖南省中部湘江、资水、沅江流域，以及湘江上游广西的东北角等地域。

7. 闽语

闽语分布在福建、台湾、海南三省的大部分地域，以及广东省东部潮汕地区和雷州半岛一带。

8. 粤语

粤语分布在广东、广西的珠江三角洲一带。

9. 平话和土话

平话是广西中部一带的汉语方言，主要分布在桂林、柳州、南宁之间的交通要道一带。土话分布于湘粤桂三省边沿地带。

10. 客家话

客家话分布在广东、广西、福建、江西、四川、湖南、台湾、海南等地，比较集中的是广东省东部、中部，福建省西部和江西省南部。

（二）北方方言的八个官话

北方方言又可以划作八个官话，这八个官话是：

1. 东北官话

入声派进阴平、阳平、上声（较多）、去声四个调类。分布在黑龙江、吉林、辽宁三省以及内蒙古东北边缘地区（沈阳、长春、哈尔滨、延吉、佳木斯等）。

2. 北京官话

入声派进阴平、阳平、上声、去声四个调类。分布在北京市及其郊县和周边的河北、内蒙古、辽宁的部分地域（北京、密云、承德、赤峰等）。

3. 冀鲁官话

清入声派进阴平，浊入声派进去声（次浊）、阳平（全浊）。分布在天津市、河北南部、山东西部等地域（天津、保定、济南、沧州等）。

4. 胶辽官话

清入声派进上声，浊入声派进去声（次浊）、平声（全浊）。分布在胶东半岛和辽东半岛部分地域（青岛、烟台、大连等）。

5. 中原官话

清入声派进阴平，浊入声派进阴平（次浊）、阳平（全浊）。分布在河南、陕西、安徽、江苏、山东、河北、山西、甘肃、宁夏、青海、新疆等地域（郑州、济宁、徐州、西安、铜川、宝鸡、汉中、天水、吐鲁番等）。

6. 兰银官话

清入声派进去声，浊入声派进去声（次浊）、阳平（全浊）。分布在甘肃、宁夏部分地域（兰州、银川、张掖等）。

7. 西南官话

古入声一般派进阳平。分布在云南、贵州、四川三省及湖北、湖南、广西、陕西、甘肃的部分地域（昆明、贵阳、成都、重庆、恩施、宜昌、荆州、武汉、常德、桂林等）。

8. 江淮官话

保留入声调类。主要分布在湖北（鄂东）、安徽、江苏三省长江以北沿江地域和江苏、江西的长江南岸部分地域（黄冈、孝感、合肥、扬州、南京、镇江、九江等）。

北方方言地域广阔，人口众多，但北方方言内部一致性强，八个官话区的方言能够通行。入声消失（江淮官话除外）是北方方言的共同特点。

汉语方言与普通话的差异主要表现在语音方面，语汇和语法也有一定差异，汉语方言之间也是如此。为了适应社会主义建设事业的需要和民族间的交往，提高全民族的科学文化素质，充分发挥语言在社会生活中的作用，必须大力推广普通话。推广普通话，并不意味着要消灭方言，而是要扩大普通话使用的范围，最终实现全民普及普通话的目标。这是我国社会发展的必然趋势。我们要正确理解民族共同语和方言的关系，自觉地促进民族共同语的发展，减少方言的影响，不但自己要积极使用普通话，还要努力推广普通话。

四、现代汉语三要素的关系

语言是由语音、语汇和语法三要素构成的完整体系。这三要素相对独立，自成系统，各有自己的规律。以语音为例，一种语言的语音有多少音素，音素怎样组成音节，音节又怎样组成词，都有自己的规律。但是，这三者又是互相联系、互相依存的。语音是为体现语汇、语法而存在的，离开了语汇、语法，也就无所谓语音了，所以我们通常说，语音是语言的物质外壳。语汇一方面要借助语音这一物质材料而存在，另一方面又要接受语法的支配，如此才能表达意义，使语言成为交际工具，所以说语汇是语言的建筑材料。语法是从丰富的语言材料中抽象概括出来的语言规律，离开语音和语汇，也就没有语法。但是，语法又是组织语音、支配语汇的法则，所以说语法是语言的组织规律。可见，语音、语汇和语法三要素，既各自独立，又互相联系，和谐相处，共同组成一个完整的语言体系。现代汉语的语音、语汇和语法三要素同其他语言一样，彼此依赖、不可分割。以语汇而言，它一方面要借助语音构建自己的物质外壳，让人能读，能说，能听；另一方面又要接受语法的支配，组成句子表达思想。

比如静态的"骗局""解剖""个""外星人""是"等几个词只不过列举了一些事物和行为的概念，彼此关系也不明确。如果按照语法规律组成句子："解剖外星人是个骗局"，这就表达了明确的完整的思想。可见丰富的语汇只有借助于语音和语法，才能成为可理解的语言。

现代汉语三要素都处于发展变化之中，由于三要素与社会发展联系的情况不同，其发展速度是不平衡的。在语言三要素中，语汇发展变化最快。语汇中的一般语汇几乎处于经常变化之中，能迅速地反映社会生活各方面的变化，如"电脑""网络""终端""火箭""卫星""支农""扶贫""优生""节育""成教""职教""电大"等。语音的变化比较缓慢，语法在语言三要素中则是比较稳定的。

现代汉语三要素，又是相互影响、相互作用的。就语音而言，轻声、儿化和声调，对语汇和语法都会产生积极作用。运用停顿这一语音现象也可以区分不同的语法结构，如"三个工厂的代表"有两种不同的停顿，代表两种不同的语法结构，"三个 / 工厂的代表"和"三个工厂的 / 代表"（这里用"/"来表示停顿），前者指一个工厂的三个代表，后者指来自三个工厂的代表。现代汉语语音系统里古入声已经消失，入声韵尾 [-k、-t、-p] 已经失落，[-m] 韵尾归并于 [-n]，再加上浊音声母归并于清音，等等，这就使得读音系统单纯化，读音系统单纯化就会增加大量的同音字，如"男"和"难"、"到"和"道"、"甘"和"干"在古代都不同音，现在同音了。另外，由于读音系统单纯化和音节结构简单化（现代汉语只有 1200 多个音节），使得原来声母、韵母或声调有区别的字音，到了现代汉语有许多也没有区别了，这也不可避免地增加了大量的同音字，如"势""试""事"等。同音字太多，同音异义词自然也就多。同音异义词多，容易妨碍语言的交流，这就要在语言内部促进语汇的双音化。单音节字（词）可以通过双音化来补偿，例如："男性""男人""男孩"，"困难""艰难""难度"，"形势""时势""趋势"，"试验""试卷""考试""应试"，"事情""事故""人事""公事"，等等。

单音节的同音词经过双音化，绝大部分不再同义了，而且词义也更加明确，减少了同音词混淆的现象。在语法中，语序的规则化也可以使词义词性明确起来，如"思想不纯洁首先要纯洁思想""看画与画画""人民代表代表人民"等。

现代汉语语音、语汇和语法三要素既有各自独立的系统，又有互相影响的关系，三者合乎规律地共处于一个整体之中，使得汉语日益丰富，不断发展。

五、现代汉语的地位

汉语的历史相当悠久。从甲骨卜辞可以看出，早在殷商时代，汉语就相当发达，由古代汉语发展至今天，现代汉语是世界上最成熟、最精密、最发达的语言之一。无论是在国内还是国外它都产生了广泛而深远的影响，具有重要的地位。

我国是一个多民族国家，各民族间的交往日益频繁。由于政治、经济、文化等原因，各民族的语言很自然地受到汉语的影响，进而促进本民族语言发展。现在各少数民族地区有越来越多的人学习和使用现代汉语，不少学校使用双语教学，加速了普通话的推广，现代汉语已逐渐成为少数民族重要的交际工具。

我国早在古代就同东西方许多国家有密切的往来，汉语也随之被带入这些国家，日本、朝鲜、越南等国的语言同汉语的关系更为密切。这些国家曾经长时间使用汉字，直到现在日本语中还保留了 1945 个汉字；同时它们又吸收了大量的汉语词，并在汉语词的基础上创造了许多新词，以丰富自己的语言。

汉语在世界上分布面很广，使用的人数最多。全世界使用汉语的人占世界人口的四分之一。新中国成立以来，由于我国国际地位日益提高，现代汉语在国际事务中的地位越来越重要，影响越来越大。联合国于 1973 年 12 月 8 日的第二十八届会议上一致通过，把汉语列为大会和安理会的六种工作语言之一，其余五种工作语言是英语、法语、俄语、西班牙语和阿拉伯语。目前，世界上出现了汉语热，学习和使用汉语的人越来越多，设置汉语专业的高等学校也不断增加。汉语过去、现在已为世界交往做出了重大贡献，在将来会做出更大的贡献。

六、现代汉语规范化

国家的强盛、民族的团结、经济的发展、科学技术的进步对汉民族共同语提出了更高的要求，那就是规范化，亦即对现代汉语的语音、语汇和语法规定一个明确的统一的标准，以使得传递信息准确，信息接受无误，消除信息通道中的障碍，更好地推动经济社会发展。否则，将严重影响经济建设、社会和谐和科学技术发展。可见，语言规范化具有重要和深远的意义。怎样实现现代汉语规范化？

首先，要确立一个明确的统一的规范化标准，用这个标准来消除语音、语汇和语法方面存在的一些分歧。这个标准就是，现代汉语语音"以北京语音为标准音"，语汇以北方话词汇为基础，语法"以典范的现代白话文著作为语法规范"。凡符合上述标准的就是规范的，否则就是不规范的。不规范就有碍于在汉民族中传递和接受信息，就要改正或消除。

其次，总的标准明确了，更重要的工作就是要普及标准，推广标准，让汉

47

民族共同语使用者都能掌握好、运用好标准。这就要求政府立法，要求语言文字部门和语言文字工作者，尤其是语言教师要加强宣传，做好示范，树立典型，逐步推开。

再次，总的标准明确了，不等于什么问题都解决了，有些具体的语言现象的规范要有一个过程。比如，某些字的读音问题、写法问题，某些词的用法问题，外来词的译名问题，新创词的吸纳问题，等等，都需要逐步进行规范，不可能一步到位。

最后，要认真贯彻和落实我们国家新时期语言文字工作的方针和任务。1986年1月，国家教育委员会和国家语言文字工作委员会联合召开了全国语言文字工作会议，会议规定了新时期语言文字工作的方针和当前的主要任务。新时期语言文字工作的方针是"贯彻执行国家关于语言文字工作的政策和法令，促进语言文字规范化、标准化，继续推动文字改革工作，使语言文字在社会主义现代化建设中更好地发挥作用"。当前语言文字工作的主要任务是"做好现代汉语规范化工作；大力推广和积极普及普通话；研究和整理现行文字；制订各项有关标准；进一步推行《汉语拼音方案》，研究并解决实际使用中的有关问题；研究汉字信息处理问题，参与鉴定有关成果；加强语言文字的基础研究和应用研究，做好社会调查和社会咨询、服务工作"。规定这几项任务的主要目的就是促进语言文字规范化、标准化，使语言文字更好地为经济社会发展服务。

七、现代汉语课程

现代汉语课程是汉语言文学专业的一门专业基础课。该课程对于现代汉语的知识做了系统分析，并有一定的理论性，更具有很强的实践性。设置该课程的目的是要使中文专业的大学生获得较全面系统的现代汉语知识，进一步提高他们分析语言现象和运用现代汉语的能力，以适应未来学习和工作的需要。现代汉语课程的教学内容包括绪论、语音、文字、词汇、语法、修辞，共六个部分，其中以语音、词汇、语法三部分为重点。

（一）课程内容

1. 绪论

其主要内容如下：

语言的性质：语言是一种社会现象，语言是人类最重要的交际工具和思维工具。

现代汉语的形成和发展。

现代汉语的特点和地位。

现代汉语规范化的意义和内容。

现代汉语课的性质、内容和任务。

2. 语音

其主要内容如下：

语音的性质：语音的物理性质、语音的生理性质、语音的社会性质。

语音的基本概念：音素（元音、辅音）、音节、音位、声母、韵母、声调。

《汉语拼音方案》和国际音标。

声母：发音、汉语辨正。

韵母：发音、押韵、辨证等。

声调：性质和作用、调值和调类、普通话的声调、声调辨正等。

音节：结构、拼合、拼写规则、连写等。

音变：轻声、变调、儿化等。

语调和朗读。

语音规范化问题：正音标准、推广标准音、掌握多音多义字。

3. 文字

其主要内容如下：

汉字的性质和作用。

汉字的构造和形体。

汉字的构造（象形、指事、会意、形声）和音化趋势。

汉字的形体（笔画、笔顺、偏旁部首、偏旁部位）和简化趋势。

汉字改革：必要性、可能性、方针及当前的任务。

正确使用汉字：掌握规范汉字、纠正错别字。

4. 词汇

其主要内容如下：

词和词的构成。

词义：词的形式和内容、词义的性质、词义的演变。

词义的分解：义项及分类、多义词和同音词、义素及义素分析。

词义的聚合——语义场。

词汇的组成和规范化。

熟语：成语、惯用语、谚语、格言、歇后语等。

词语的解释：原则、方法。

5.语法

其主要内容如下:

语法的性质。

词类:划分依据;实词——名词、动词、形容词、数词、量词、代词,虚词——副词、介词、连词、助词、叹词、拟声词。

短语:短语与词、句子的区别;短语的分类。

单句:句子成分、句子类型等。

复句:复句的类型、多重复句、紧缩复句等。

标点符号:作用、种类、用法等。

6.修辞

其主要内容如下:

修辞的定义。

修辞与语音、词汇、语法的关系。

炼词造句:语言的锤炼、句式的选用。

常用修辞格:比喻、比拟、借代、夸张;对偶、对比、衬托、排比、层递、反复;双关、反语、委婉、引用;拈连、仿词、联珠、回环;辞格的综合运用;等等。

(二)课程要求

1.现代汉语课程的总体要求

第一,全面系统地学习现代汉语的基本知识,把原有的对现代汉语的感性认识理性化、系统化,增强运用现代汉语语言规律的自觉性。

第二,在学习、掌握具体的有关现代汉语的知识和技能的过程中,逐步熟悉和把握分析现代汉语语言现象的方法。

第三,运用所学的知识、技能和方法,提高正确地使用现代汉语的能力,提高解释常见语言现象的能力和矫正语言运用偏误的能力。

2.现代汉语课程各部分内容的要求及重难点

(1)绪论

要求:主要是对现代汉语的总体概貌有个大致的了解,了解现代汉语的含义、形成、发展、特点及其方言的基本情况等。

重点:弄清现代汉语(普通话)的内涵、现代汉语的特点和现代汉语方言分区的情况。

（2）语音

要求：主要是掌握语音的基本原理，普通话语音方面的基本概念；掌握有关普通话声、韵、调的发音和分类，音变、音位系统，音节构造等方面的基础知识；熟练掌握《汉语拼音方案》和常用汉字的准确认读和拼写；具备初步的矫正方音的能力。

重点：语音的性质（语音四要素）、声母的发音部位和发音方法、舌面元音的发音舌位和唇形、五度标记法、音变（轻声、儿化、上声音变、"一、不"音变）。

难点：声母的发音部位和发音方法、舌面元音的发音舌位和唇形。

（3）文字

要求：主要是了解和掌握汉字的性质、特点、形音义的关系、字体演变源流，以及现代汉语汉字规范化等方面的基本知识。掌握常用规范汉字的书写，学会避免和纠正错别字。

重点：汉字的性质、特点。

难点：汉字的形体结构分析和书写笔顺。

（4）词汇

要求：主要是熟悉并掌握词的概念、词的构造类型及分析、词义和词汇的构成等方面的知识；掌握区分词和其他语言单位的一般方法；学会辨别分析同义词的意义和用法的差异，提高准确使用词语的能力。

重点：词的概念、词的构造类型及分析、同义词的辨析。

难点：词的构造类型及分析。

（5）语法

要求：主要是熟悉并掌握词、短语、句子的基本概念和结构分类、功能特点；词分类的标准；了解并掌握各类句型的特点，了解典型句式的特点；掌握常用虚词的用法，掌握层次分析法，并学会运用层次分析法来分析短语和句子结构；掌握复句的类型，学会分析多重复句的结构和层次；学会识别和纠正常见的语法错误。

重点：词类、短语的结构类型和功能类型、句子类型、各类句式的特点、层次分析法及其运用。

难点：词性判定、短语结构关系判定、短语和句子的结构分析、各类语法偏误的诊断和纠正。

（6）修辞

要求：主要是熟悉并掌握修辞的含义，词语（音和义）、句式的选用和语境的关系，了解除辞格以外的修辞现象和规律；学会辨别易混辞格，避免和纠正常见的修辞不当现象。

重点：辞格之外的修辞现象的学习、常见辞格的特点。

难点：对综合修辞现象的分析。

第二节　现代汉语教学概述

现代汉语是研究现当代汉语言的组成要素及其结构规律、运用技巧的一门学科，主要目标为提高学生理解、分析和运用现代汉语的能力，所以，应用性是现代汉语学科生成和发展的应有之义。但有人针对现当代大学生现代汉语运用能力普遍下滑的现象，对现代汉语学科的应用性提出了质疑。汉语运用能力的普遍下滑，虽然主要是学生从小语文知识累积不够造成的恶果，但还是与大学现代汉语教学效果不佳有一定的关系。近二十年来，在现代汉语教学上，由于价值取向偏离、教学内容繁复、教学原则和策略不当等，其教学效果大打折扣，其应用性自然也被严重削弱。因此，目前在明确现代汉语教学价值取向的前提下调整其教学原则和策略以实现其应用性，应该是当前应用型大学转型背景下现代汉语课程教学改革的重要方面。

一、价值取向

现代汉语教学的价值取向直接关系到现代汉语教学内容的设计、教学方法的选取、教学结果的评价等，若价值取向模糊或偏离，将直接影响到教学的效果，所以，价值取向的确定对现代汉语教学来说是至关重要的。正因为如此，教育部颁发的《现代汉语教学大纲》对此做了明确的规定：培养和提高学生理解、分析和运用现代汉语的能力，为他们将来从事语言文字工作包括教学和科研工作打好基础。详而言之，主要是三个方面的价值取向：

第一，培养和提高学生的语言理解能力，使学生不仅能快速地理解言内之意，也能很好地理解言外之意。

第二，培养和提高学生的语言应用能力，使学生的语言表达不仅规范而且简明、连贯、得体。

第三，培养和提高学生的汉语分析能力，使学生能够很好地去探知语言的规律，从而为语言学的应用（如"语言教学、计算语言学、语言规划、词典编撰"等）奠定基础。当然，现代汉语在大学不同的专业开设，其价值取向可能会稍有差异。比如，在汉语言文学专业开设，会同时注重这三个方面的价值取向；而在新闻、文秘或其他专业开设，则会更偏重于前两种价值取向。

在明确和紧紧围绕这三种价值取向的前提下，教师再结合教学的具体情况和学科特点等，选取其教学内容、探索其教学原则和策略。近年来，有的教师正是因为忽视了这一点，导致现代汉语教学出现了错位。

二、教学原则

由于价值取向的错误及对学科特点认识不到位等，近二十年来，现代汉语教学存在四个明显的误区：重理论知识的系统性而忽视教学内容的科学性、重理论知识的传授而忽视语言实践能力的培养、重静态教学而忽视动态教学、重规范教学而忽视偏误教学。因此，要改变目前现代汉语的教学现状，必须针对这四个误区，贯彻以下四个教学原则：

1. 管用、精要、好懂

现代汉语教学首先要有好的现代汉语教学体系。但现代汉语教学体系不等同于其理论知识体系。现代汉语教学既然是为了提高学生理解、表达和分析现代汉语的能力，那就应该以语言能力为导向，直取语言交际所需的技能和知识，并按照循序渐进原则组成序列，以构建现代汉语教学体系。而不是仅仅按照学科系统的逻辑框架来构建，一味地求系统、求全面。在课时有限的条件下，过于强调系统全面必然导致教学重点不突出，尤其一些对语言运用指导价值高的、容易出错的内容得不到详细的讲解，同时也增加了学生的学习负担。所以，管用是衡量现代汉语教学内容体系的首要标准。

另外，现代汉语教学是母语教学，学生在上大学之前对现代汉语的一些基本知识和常规用法已经有所了解，或许他们对这些知识、用法还缺乏一定的理性认识，但都具备了比较丰富的语感，所以，根据学生这一情况，我们不能眉毛胡子一把抓，应少讲或不讲那些学生已经会熟练运用的现代汉语理论知识。即使对必须要讲的内容，教师也要通过自己的分析、研究、提纯，使教学内容尽量精要。当然，相关的应用性训练也是如此，不搞题海战术。

在上述前提下，还要尽量做到好懂，不要让学生望而生畏。在课堂讲授过程中，除了必不可少的一些基本概念以外，应尽可能少用专业术语；对一些语言规律，尽量引导学生自己从语言现象中抽象概括出来；对概念、观点的说明，也尽量用通俗的话语或通过打比方，列举一些有代表性的、有说服力的且生动有趣的例子来解释。总之，要避免知识概念的堆砌，杜绝用抽象解释抽象。

2. 理论与实践相结合

现代汉语理论知识都是从大量的现代汉语运用实践及其结果中概括总结出来的，从其本身来看，必然都是抽象的，但如果把它们再放回到具体实践中来看，或者是联系现实生活中现代汉语运用实践，化抽象为具体，那么则更容易被理解。同时，在这个过程中，理论知识也得到了检验和发展。

另外，学习现代汉语理论知识的直接目的是用它来指导我们现代汉语运用实践，以提高我们的理解和表达能力。但现代汉语理论知识不等同于现代汉语运用能力。现代汉语中一些指导言语运用的知识属于操作性知识，要使这种操作性知识内化为主体的一种技能或能力，必须通过反复实践。就好比学游泳，光记住游泳的动作要领，不下水去游，不去反复地实践，是永远也学不好游泳的。学习现代汉语也一样，光记住那些理论知识，而不用它来指导自己的语言实践，那么语言能力永远难以提高，这样，理论知识也变得毫无意义。因此，必须"在游泳中学习游泳"，即把理论运用到实践中不断地指导实践，同时在实践中更好地理解理论并不断地修正自己的实践，理论知识才能逐渐地内化为主体的语言能力。在这个过程中，学生也会切身感受到学习这些理论知识确实是有用的，自然对学习它们也就更加有了兴趣和动力。

3. 静态与动态相结合

传统现代汉语知识大部分都是通过剥离语境对现代汉语某一相对静止状态的语言现象所蕴含的规律做的概括和总结，我们目前大部分教师教的和学生学的也都是这种孤立的、静止的、单一的知识，这种教学也被称为"静态的教学"。这种静态的教学对于我们了解、认识现代汉语基本规律是十分必要的，但这种教学，无论是对语言现象的说明，还是对语言运用的指导，都存在较大的局限性。

首先，现代汉语作为一门语言，它具有系统性、复杂性。任何一种语言运用现象，它可能既受到语言体系内部诸要素的制约，也会受到语言环境的影响。可以说，交际中的语言及其语境是相辅相成的。要准确地理解词句在语境中的语义，必须结合它所处的语境来进行，语境不一样，它的意思特别是言外之意可能就不一样；另外，语境变了，为更好地实现交际目的，语言结构也必须做相应的调整。所以，无论是对语言现象的说明，还是对语言运用的指导，光从语言体系内部诸要素来看，是远远不够的，解决不了语言现象所反映的所有问题，也揭示不了语言现象所蕴含的全部规律，尤其是语言运用技巧。因此，教师必须引导学生结合语境在实际运用这种动态中研究语言现象，指导学生的语言运用实践。

其次，现代汉语作为一门语言，它具有稳定性，也具有变化性。语言作为社会共同使用的交际工具，具有稳定性是必须的，要使别人能听懂自己说的话，就必须遵循固定的规则，不能随心所欲。不过，这种稳定性是相对的，只是从短期或某一阶段来看是基本不变的，从长期来看，语言在使用中，在跟其他语言的接触中，必定会有创新、改变，而且这种变化是绝对的。所以，我们不能因为语言的稳定性，就否认语言的变化性。对于新的语言现象，不能总用原有的条条框框去看待它、限制它，而要区别对象、场合，对于能增强语言表现力的变化，我们应该积极地接纳它，并调整我们原有的语言规范。另外，语言总是在原来的基础上发展变化而来的，现代汉语就是由古代汉语发展演变而来的，对于现代汉语的某些现象，若从历时的动态角度来看，可能更能理解它为什么会是现在这个样子，也可能更能揭示它的发展规律。所以，教师应引导学生用发展的眼光看待、评价语言现象。

4.示正与纠误相结合

简单地说，在教学中，"示正"是告诉大家什么是对的，"纠误"是告诉大家什么是错误的并教大家如何进行纠正。"示正"是树立规范、标准，让大家遵循，没有规矩不成方圆，所以，我们目前使用的现代汉语教材，其中有大部分内容都属于"示正"方面的内容，这是非常必要的。但是，"纠误"是使大家引以为戒以避免犯同样错误的一个很好的方法，也是突破难点、提高教学效率的有效途径，所以，"纠误"也同样重要。因此，示正与纠误应相互结合，不可偏废。目前，已有一部分现代汉语教材对语音、汉字、单复句的常见错误做了归类，还有介绍了纠错的方法，很有典型性、针对性，大大提高了我们教学的效果。不过，还有一些内容，如标点符号使用、词语运用和修辞运用的常见错误类型，在现代汉语教材中基本没有涉及，我们的教师在这些方面还应做出努力，针对我们接触的文本、周边语言现象等，归纳这些方面的常见典型错误类型，或者也可以引导学生去收集归纳，从而更加全面地、有效地培养学生规范使用现代汉语的能力。

三、教学方法

（一）启发式

以语言现象引出教学内容，可以促使学生关注和思考现实生活中的语言现象。我们的生活中存在着各种各样的语言现象，每天也在发生着新的语言现象，但我们由于习以为常，往往"日用而不知"。在现代汉语教学中，如果每章节开始我们都选取现实生活中一些与教学内容有关的且又具代表性的语言现象来让学生分析，不仅可以顺利自然地导入每章节的教学内容，而且也可以促使学生对现实生活中"日用而不知"的语言现象进行关注和思考，逐渐提高他们的语言敏感度。在现代汉语教学过程中，几乎每一章节内容都可以找到相关的语言现象来导入，如在讲到用字规范、用词、标点符号、歧义、病句等问题时，就可以选取生活中的广告、歌词、台词、报刊、日常对话或学生作文、论文、求职信中的用字、用词、标点运用、歧义句、病句等案例来让学生分析思考。通过不断地以这样的语言现象来导入，学生就会逐渐关注和思考自己身边的语言现象，从而不断增强对语言的敏感度。以语言现象引出教学内容，也可以增加学生对语言学习的动力，提高学生对语言学习的兴趣。纯粹地讲授语言知识，学生不仅觉得枯燥，也感觉很空。而如果以具体的语言现象导入，让学生在对其进行分析、思考的过程中切身感受到语言知识是能够解决语言实际运用中的问题的，是有用的，学生则会增加学习语言的动力，提高学习语言的兴趣。

比如，在讲到前后鼻韵母方音辨正时，就可以让一个来自我国东南部方言区的学生现场来发前后鼻韵母，并提示这个发音的学生：发 -n 和 -ng 的时候一定要注意它们发音部位的不同，然后让他开始发音，发完音后，再请一个来自北方方言区普通话标准的学生评价前面的同学发的音对不对。然后，教师引导学生思考：我都提醒了前面那位同学要注意发音部位的不同，但他为什么还是没发对呢？在学生思索不得时，又请前面那位同学和后面那位同学对比着发同样的前后鼻韵母，并请其他学生注意听他们所发的前后鼻韵母中韵腹的发音。然后，再问学生：他们所发的鼻韵母其韵腹的发音有什么不同？最后教师补充总结：发前后鼻韵母的关键点应该是正确掌握前后鼻韵母的韵腹的发音，从拼音上来看，前后鼻韵母的韵腹似乎没有差异，但是为了适应韵尾鼻辅音的位置，韵腹的发音实际上是有所不同的。an 中的韵腹 a 实际位置靠前，是一个舌面前低不圆唇元音（国际音标记作［a］）；ang 中的韵腹 a 实际位置靠后，是一个舌面后低不圆唇元音（国际音标记作［ɑ］）。en 中的韵腹 e 是一个比央中元音（国际音标记作［ə］）略前略高的元音，而 eng 中的 e 是一个比央中元音略后略高的元音。in 中的 i 是一个纯粹的前高不圆唇元音，而 ing 中的韵腹是从 i 开始经过一个半高 e 才到达 ng。这样由学生的发音引入并引导学生思考，学生不会觉得太枯燥，不仅学会了前后鼻音发音，也深刻认识到：前面学的元音、辅音的发音条件和声母、韵母的发音方法等知识可以帮助自己学好普通话，是有用的，从而会更有兴趣和动力去学习现代汉语知识。

（二）问答式

　　每节课的教学内容以环环相扣的问题为纲，可以促使学生积极思考，培养学生的逻辑思维能力。"问题"是学生学习的起点，问题设计恰当，能够有效促使学生积极思考。现代汉语课每一节的内容，教师几乎都可以根据所讲内容的内在逻辑关系，设置成 3 ～ 4 个环环相扣的问题。如课程中"现代汉语常见语法错误"一节，教师可以设置这么几个问题：什么是语法错误？语法错误主要有哪些类型？如何避免语法错误？每个问题都先让学生思考、回答，而不是教师直接告诉学生答案。这样促使学生带着"问题"先进行主动学习，在学习的过程中积极思考"问题"，即使学生通过思考回答得不全面、不准确，也没关系，教师可以再点拨、补充，使学生的思考轨迹回到正确的轨道上，这样以问题带动学生思考、以点拨引导学生思考，使学生的思维能力得到不断的训练。而且，设置的问题环环相扣，上一个问题可以自然过渡到下一个问题，几个问题合起来又形成一个整体，使教学内容具有很强的内在逻辑性，这样也有利于学生知识体系的建构和逻辑思维能力的培养。

　　每节课的教学内容以环环相扣的问题为纲，可以吸引学生的课堂注意力，提高学生的学习效率。在一堂课中，学生无法始终保持高度的注意力，他们的注意力会被不同的因素干扰，这就考验教师是否能利用成人注意力曲线在注意力分散的临界点（10 分钟）运用不同的教学活动将学生的注意力带回到课堂中。如果教师在课堂上能以 10 分钟左右为一个单元变换教学活动，那么就能吸引学生的注意力，从而提高学生的学习效率。将现代汉语课程的每一节内容设置成 3 ～ 4 个问题，即每隔 10 分钟左右抛出一个问题，也是变换教学活动的一种方式，有助于吸引学生的课堂注意力。

（三）问答与实践相结合

　　学生回答、操练与教师讲解相结合，可以减轻学习的枯燥性，使学生愿意学、爱学。现代汉语知识本身比较抽象，如果教师在课堂上只是一味地讲授，那么，学生不仅会觉得枯燥乏味，而且其注意力也容易分散。所以，只有教师讲授肯定是不行的，必须通过穿插其他的教学活动，丰富教学活动形式，来增加学习的趣味性。如前面说到的提问，每节课抛出三四个问题让学生来回答，就是一个不错的选择，不仅可以吸引学生的注意力，而且还可以训练学生的逻辑思维能力。另外，现代汉语也是一门实践性很强的课程，要将现代汉语理论知识内化为语言能力，必须通过操练，让学生在实践过程中应用已学到的理论知识，以利于学生更有效地提高语言能力并且更深刻地把握理论。由此看来，教师在讲授过程中穿插学生回答、操练的活动，不仅是增加学习趣味性的一种方法，也符合现代汉语教学本身的需要。

学生回答、操练与教师讲解相结合，还可以及时巩固和检验所学。学生无论是回答还是操练都需要运用他们已学到的知识，在回答、操练的过程中，学生自然会加深对所学知识的印象和理解，同时，教师根据学生回答、操练的结果，也可以得知某个知识点的教学效果和学习效果，从而有针对性地调整教学重难点和教学方法等。所以，回答、操练都是巩固所学知识的重要环节，也是检验学习质量的重要手段。

四、现代汉语教学改革史

现代汉语在大学文科教学体系中有着举足轻重的地位。作为一门课程，现代汉语是 20 世纪 50 年代中期仿照苏联的"现代俄语"开设的。1966 年，我国的语言教学工作遭受了空前的浩劫，包括现代汉语在内的一些语言课程几近取消。改革开放后，我国高校的语言教学工作得到恢复，现代汉语教学改革研究开始进入一个新的时期。从那时到现在，我国高校的现代汉语教学改革研究大致经历了如下几个阶段：

（一）教材编写阶段（1978 年—1985 年）

在此期间，高校现代汉语课程建设的当务之急是修订和重编现代汉语教材。1978 年，《中国语文》在《语文工作要抓纲快上》的社论中指出：为了完成好语言文字工作的三大任务，"要安排好高等院校语言课程的教学，抓紧、抓好教材编写工作"。与此同时，现代汉语教材的修订和重编工作，也在紧锣密鼓地进行。1978 年 3 月，23 所高校《现代汉语》教材协作会议在河南郑州召开。1978 年 7 月，高等院校《现代汉语》教材协作会议在昆明召开，81 所高等院校和有关单位的代表参加了会议。1978 年 10 月，成书于 1976 年的复旦大学《代汉语》教材修订座谈会在上海召开。张静主编的《现代汉语》上、下册初版，先后于 1979 年 5 月、7 月由上海教育出版社印行；黄伯荣、廖序东主编的《现代汉语》上、下册初版，先后于 1979 年 8 月、1980 年 3 月由甘肃人民出版社正式出版；胡裕树主编的《现代汉语》（修订本）也于 1979 年 9 月由上海教育出版社正式出版。除此之外，张志公主编的电大本等二十余种教材先后出版并投入使用。这些教材的修订重编，为我国高校的现代汉语教学改革研究奠定了坚实的基础。

1979 年，钱曾怡在《文史哲》撰文《谈"现代汉语"教学中的几个问题》，阐述了现代汉语课程加强理论建设的必要性，并且提出"希望这门课程能够引起各方面的关注"。其后，各高校学报陆续发表了一些总结现代汉语教学现状、研讨现代汉语教学改革的文章。如梁玉章、喀什师范学院汉语教研室的文章即属此类。在此期间，语音教学、语法教学是高校现代汉语教学改革研究的重点。《中国语文》《语文研究》《汉语学习》《语言教学与研究》《兰州大学学报》《福建师大学报》等，陆续发表了沈士英、梁玉章、林焘等关于语音教学方面的文章，以及张志公、陆俭明、黄伯荣、卞觉非等关于语法教学方面的文章。

1981年《中国语文》提出，要"就现代汉语语法体系和分析方法问题展开讨论"。其后，该刊先后发表了廖序东、张静、史锡尧、黄伯荣、张志公等知名学者参与讨论的文章。此外，王希杰也在《中国语文通讯》发表了《修辞教学的做法与想法》，对修辞教学的目的、内容、教学环节等做了比较深入的讨论。

1981年7月，"全国语法和语法教学讨论会"在哈尔滨市举行。1984年7月，现代汉语（语法）学术讨论会在吉林延吉召开。1985年5月，同济大学出版社举办《现代汉语》教材、教法讲习班。1985年7月，全国高等师范院校现代汉语教学研究会首届年会在广西宜山召开。这些会议的召开，也对深化现代汉语教学改革产生了积极影响。

（二）教学内容调整阶段（1986年—1992年）

1986年1月，全国语言文字工作会议在北京召开后，现代汉语课如何更好地贯彻落实新时期语言文字工作的方针和任务，成了广大语文工作者关注的问题。胡裕树、范可育指出："新时期语言文字工作的若干主要任务都与'现代汉语'的教学内容有直接关系，语音、文字则尤为密切。"苏培成指出："新时期语言文字工作方针的核心是促进语言文字规范化、标准化，教学要抓住这个核心，突出这个核心。"黄伯荣指出："任课教师要想教好现代汉语课，都必须认真学习新时期国家语言文字工作的方针政策。"这些文章的发表，标志着现代汉语课程改革开始转向教学内容的调整。

1986年7月19日，《语文建设》杂志社召开座谈会，讨论现代汉语教学内容改革问题。王理嘉、苏培成、龚千炎等一致认为："当前最重要的任务，就是语言文字的规范化、标准化"，应当"通过高等学校的现代汉语课，把这项工作很好地完成"。此后，各高校的现代汉语教师发表了一系列文章。史有为指出：现代汉语"这门课在非语言专业中是基本失败的"，并且提出应设立

"汉语分析与应用""现代汉语学"两门课程，还应开设"汉字""普通话语音"选修课。吴为章撰文指出："我的感受却和史先生的不完全一样""这是大学文科中最难教的一门基础课"。林宗德、林华东对史有为先生的文章"颇有同感"，他们呼吁"为改进现代汉语课教学，教材需要改革，应当废止千'书'一面的现状，来个百花齐放。"王国璋认定"现在是到了认真总结以进一步提高这门课程的教学质量的时候了"。钱乃荣、游汝杰认为，应当"把现行的教材做部分增删，正名为《普通话教程》，作为一般社会人士学习普通话的读本，另外编写一部《现代汉语》教材"。邵敬敏不同意钱、游的观点，指出：现代汉语是"一门以讲分析方法为主，应用性很强的课程"，"新教材必须强化分析方法和应用能力，而淡化基本知识和理论色彩"。余志鸿、易洪川认为：现代汉语教材应当贯彻"对比"这一基本方法，通过纵向（历史的）对比与横向（和方言）对比去综合考察现代汉语语音、语法、语义和语用的特点。

在此期间，郭熙、邢福义、廖序东、王群生、袁晖、吴为善、施关淦、吕叔湘、王培光、邵敬敏、徐静茜、李延瑞等学者先后在《语言学通讯》《语文建设》《语言文字应用》等期刊撰文阐明自己对教学内容改革的观点。截至1994年，仅《语文建设》一家就发表这类文章十多篇。此外，由国家教育委员会和青岛大学联合举办的现代汉语教学研讨会于1988年6月在青岛召开，会议也认为现代汉语教学还很不适应形势发展的需要，必须更新教材内容，加强实践性。

（三）教学方法改革阶段（1993年—1995年）

1993年，邵敬敏在《语文建设》发表了《现代汉语课教学方法改革刍议》，认为教材内容与教学方法"这两种改革是相辅相成的，我们建议，开展一场关于现代汉语课教学方法改革的讨论"。《语文建设》在为此所加的"编者按"指出："我们赞成作者的建议。欢迎有关人士来信来稿，就这一问题展开讨论。"此后，讨论现代汉语教学方法成了各刊物的热点。仅《语文建设》一家，从1993年第9期到1994年第9期，就刊发了单春樱、王宝东、汪大昌、朱景松、徐吉润、高平平、陈一等人撰写的7篇文章。这期间，金昌吉、孔令达、黄伯荣等还发表了兼谈教学内容和教学方法改革的文章。

《语文建设》对现代汉语教学方法改革的讨论，也得到其他杂志的响应。如创刊不久的《语言文字应用》就发表了岳方遂、孙洪德、阮显忠及何伟渔等人的文章。岳方遂、孙洪德、阮显忠指出："我们还必须清醒地看到，现代汉语的教学还面临着严重的挑战，教学观念的落后、教学方法的陈旧、教学效率的低下一直困扰着我们，挥之不去。学生厌学、教师厌教的情况依然严重存在。"何文指出："研究现代汉语的教学方法，优化现代汉语的教学方法，应该说是大有文章可做的。做好了这篇文章，必将有利于提高现代汉语教学的整体水平。"

（四）课程体系建设阶段（1995 年至今）

1995 年至 1997 年，国家教委启动了高等教育、高师教育"面向 21 世纪教学内容和课程体系改革计划"工程，高校的现代汉语教学改革研究也进入了以课程体系建设为重点的阶段，下面分七个方面做概要介绍。

1. 课程目标

刘大为、巢宗祺认为：现代汉语课程应当明确的能力目标，一是"语言能力"，一是"学生的个人语言能力"。随后，其他学者也提出大致相同的主张。王艳平认为：现代汉语要"培养学生分析语言和应用语言的能力"。汪国胜指出："应该强调语言运用能力和语言研究素质的培养。"邵敬敏认为，现代汉语应定位在"理解、分析现代汉语的能力和表达、应用现代汉语的能力"。潘国英指出："应强调语言运用能力和语言研究素质的培养。"

张雪涛则提出：现代汉语应立足于基础课，"三基"要求不能偏离，理解、分析语言的能力不能降低，运用语言的能力宜定位于增强和提高。关彦庆指出："各类大学学生的培养目标不同，课程的定位目标也应该有差别。"李如龙也指出："现代汉语能力的培养应该包括普及和提高两个方面。普及方面就是听说读写'应用'的达标，提高方面就是掌握规范标准，具备示范、评判和批改各种言语作品的能力；了解语言应用中各种变异的规律，具备鉴赏、分析和创造的能力。"

2. 课程设置

刘大为、巢宗祺建议：现代汉语应当变成两门课，"一门以语言能力为能力目标，我们暂名之为'汉语语言学'；另一门则以学生的个人语言能力为能力目标，可暂名之为'实用汉语能力'"。高胜林指出：实用汉语能力课叫汉语言语学更妥，汉语言语学最好只探讨汉语口语，以提高学生的口头表达能力为目标。孙叶林则提出："把现代汉语一门课分成两门课是不现实的"，应当构建"一主（现代汉语主干课）三选（汉字通论、修辞学、语用学选修课）"的现代汉语课程教学模式。

对师范院校而言，姚锡远认为，现代汉语课应当一分为三：汉语口语、现代汉语语法修辞理论、实用言语交际学。关玲认为，现代汉语应增设选修课，抓好第二课堂训练。沈祥和提出，高师院校应当开设包括知识、实践、综合运用等在内的大现代汉语课。张秀珍认为，"可增设'教师口语''演讲与口才''朗读'和'常用字''汉字与书法'等基本技能训练课"。邢福义、汪国胜主张"四支分立"，建立现代汉语语音学、现代汉语语汇学、现代汉语语法学、现代汉语语用学。关彦庆认为，邢、汪的主张"操作起来有困难，不具有普遍性。加强了包括修辞在内的'现代汉语语用学'内容，却削弱了现代汉语文字的教学地位，建议补充'现代汉语文字学'"。从综合大学角度来看，北京大学建立了配套、衔接的系列化课程，一、二年级开设"现代汉语"基础课，三、四年级分别开设语音、文字、词汇和语法方面的专题课（含"现代汉语规范化"等10门课）。胡毓智、冷瑾还提出了应依据专业与非专业的要求开设相应课程的建议。

3. 教材

邵敬敏提出：现代汉语教材应当坚持三个创新：教学创新，强调语言学习的方法论；学术创新，吸收语言研究的新成果；编写创新，体现"学生为本"的指导思想。徐静茜认为，师范院校现代汉语教材，应"按能力培训的需要，分为教师用语、实用汉语知识体系、社会交际用语几大块"。李如龙指出：现代汉语课必须编制基本教材、练习册、补充教材、临时参考资料等多种配套教材，"不同方言区的补充教材则必须针对本地方言实际专门编制"。由于师专和职业学院大多选用本科教材，不少学者提出了教材处理的意见。曹国军提出师专要做好"删""增""改"的工作。华丹提出，职业学院应以本科教材为参照教材，还应自编"普通话水平测试教程""语法修辞逻辑""多媒体语言传播"等教材。

4. 教学内容

李如龙指出："教学内容要切合实际，一是要切合不同地区的实际，一是要切合学校和专业的实际。"邢福义、汪国胜认为，更新教学内容，一方面要逐步建立起各分支课程的教学系统，另一方面要改变现代汉语只讲共同语的传统格局，将现代汉语方言引入现代汉语课程。梁世红提出：现代汉语教学要"有理、有节"地吸收其他各科知识，给学生建构一个坚固合理的知识结构。寿永明指出：现代汉语应"及时介绍现代汉语最新成果和新的语言学理论知识"，"重视语言和文化的密切关系"。王珏提出：应建立一个沟通逻辑和语法、修辞的实用教学体系。

对于教学内容改革，我国学者还提出了三个方面的具体意见：

第一，关彦庆、钟应春、彭小球、刁晏斌等提出，现代汉语要体现时代性，知识点应该具有选择性，把最新的研究成果适时地介绍到课堂中去，尤其要考虑到现代汉语语言事实的"阶段性"；

第二，徐秀芝、赖先刚等提出现代汉语教学应引入语用理论，渗透语用学理论，用"语用观点"处理理论知识；

第三，张燕、丁茂华、于宏、杜道流等提出，现代汉语教学要适应基础教育语文课程改革的需要，把语言能力的培养当作重要任务，转变教师的教学方式和学生的学习方式，将人文精神与文化知识渗透于教学之中，将中学语文教学中的语言应用问题增补到现代汉语课程内容当中去，增加现代汉语形成和发展、语言文字法律和法规、汉语口语交际等三个板块。

5. 教学方法

何伟渔提出："在教学方法上采取三项措施。一是指点方法，二是比较异同，三是归纳要点。"李如龙认为，要改变以教师为中心的状况，"多让学生参与"。邢福义、汪国胜认为，教学中应采用引发式的教学方法，形成"精讲—多问—生发—研究"的教学模式。为更好地推进教学方法改革，孟建安提出应坚持理论性、实践性、研究性和快乐性等"四性原则"。张丽丽、宁方民、杨中全、吴赛娟、陆秀艳、郑献芹、郭晓凤、苏敏等，则依据普通本专科、电大、高职等的教育特点提出了相应的教学方法。如"探源法""逆向式教学""提纲挈领法"等。此外，有的学者对"现代汉语教学中的双语式教学"提出了很好的见解，还有的学者对"第二语言习得背景下《现代汉语》教学面临的负迁移及应对策略"进行了研究。

值得注意的是，随着教学改革的不断深入，研究性学习的理念也被引入高校现代汉语的教学过程之中。钟应春、彭小球提出：现代汉语教学应"引入研究性教学理念，开展适当的专题讨论课"。于宏提出，要"创建一个跟解决问题的能力密切相关的研究型学习的教学模式"。

6. 教学手段

教学手段的落后，是影响现代汉语教学效果的重要原因。李如龙指出："研制和应用现代汉语 CAI 课件是大多数成人教育课程，尤其是语言训练课程的根本改革方向。"刘萍指出："现代汉语教学也应充分利用现代化信息技术开展教学改革，以提高教学水平。"周翠英也指出："要注意充分利用网上资源，合理有效地利用它们，如果可能，建立自己的专业网站，把有效的资源放到网上与学生和同行共享。"冷瑾则提出：应当认识到"多媒体技术只是一种教育手段"，因此，要"深入研究多媒体教学方法""优化课件内容""提高课件制作质量"。郭晓凤认为，应当"合理使用多媒体课件，切实提高现代汉语课堂教学质量"。潘国英还提出："现代汉语教学应向应用性、科技化和立体化的方向发展。"

7. 考试评估

长期以来，现代汉语的考试评估存在着重笔试、轻口试的倾向。靳古隆提出："为了克服现代汉语课传统闭卷考试的不足，应当把普通话水平测试作为现代汉语课期末考核的第二种方式。"田宇贺提出："在条件具备的情况下，可以将现代汉语的课程考试一分为三：机考、笔试、口试。"谢旭慧、葛新则提出：应当采取课内与课外相结合，教材与生活相结合的评估手段，利用丰富多彩的课外活动，以广泛的社会语用调研来巩固和检验教学成果，锻炼和提升学生的语言素养。肖宁则比较全面地提出了现代汉语考试改革的设想和实施办法：分析现代汉语教材各章节的具体特征，寻找出相应适合考试的方式方法，加强阶段性考试；坚持期末教考分离；探索构建以期末教考分离为主，阶段考试为辅，机试、笔试、口试相结合的科学考试模式，努力做到多种形式互补，彻底打破单一的闭卷笔试考评模式。

总的来说，新时期以来我国高校现代汉语教学改革取得了长足的进步，也积累了丰富的经验和教训。我们认为，只有教师才是最重要的课程资源，教师不仅是现代汉语课程的主要实施者，更是现代汉语课程的研制者、教材的编写者、教学效果的评价者。我们期待着广大教师在借鉴前人优秀成果的基础上，勇于探索、勇于创造，共同把我们的现代汉语教学改革推向前进。

五、现代汉语教学的发展趋势

现代汉语教学改革的发展趋势主要朝以下几个方面进行：改革课程体系、改革教学内容、改进教学方法

（一）改革课程体系

由于我们目前的课程体系是照搬苏联的模式，忽视了汉语非形态语言的特点，因此，现代汉语教学的改革首先应从我国的传统语文教学中汲取营养，构建一个民族的、能充分体现现代汉语特点的、比较科学的、能跟 21 世纪接轨的现代汉语课程体系及教学系统。

（二）改革教学内容

在教学内容上，现代汉语课应反映出语言学研究的最新成果，如加进文化

语言学的有关内容，在语法教学中引进三个平面的语法观，增加语用的内容，引导学生关注与日常生活密切相关的语言现象，如广告用语、校园用语等。现有现代汉语教材将语言当成一种游离于社会和人文世界的纯形式系统，把语言各要素的分类、特征、构成和关系等做了详尽的形式化描写，学生从中感受到的只是一个零件和部件组成的机械的语言世界。因此，要把语言放在社会的大背景下，在教学中引导学生对语言进行文化等方面的深层次的认识和阐释。在教学中加进文化语言学的有关内容，加进社会语言学的有关内容，会使学生充分考虑到语言的动态因素。

（三）改进教学方法

教学方法上，采用引发式教学方法，教师尽量少讲、精讲，讲关键内容。尽量多提问题，引导学生去思考，指导学生去观察研究。通过精讲，让学生系统掌握基础知识，通过引发式教学，使学生获得初步的分析语言的能力。

第三节　现代汉语教学存在的问题及对策

现代汉语是高校中文专业开设的一门理论性、实践性较强的基础课程。课程内容涉及语音、词汇、语法、修辞等多方面的知识。而就目前现代汉语的教学效果看，并不是很成功。究其原因，或涉及课程理念的转变，或涉及教材内容落后，或涉及教学方式与方法陈旧，或涉及师生之间的交流隔阂等方面的问题。面对时代的发展及社会对人才需求标准的变化，如何改进现代汉语课程教学，真正提高学生的语言实际运用能力，这是需要深入研究与探索的。因此，本节内容立足于广西大学开设的汉语言文学、文秘、对外汉语、戏剧影视文学等专业的实际，从改进现代汉语教学方式与方法出发，提出初步的、合理的建议，以期有助于今后现代汉语课程的改革与发展。

一、现代汉语教学中存在的问题

（一）教学内容方面

现代汉语是"汉语言文学"和"汉语言"专业一门重要的必修专业课。现代汉语教学的好坏，直接影响到古代汉语、语言理论等语言学课程及其他相关课程的学习。特别是对师范专业来说，现代汉语的教学不过关，学生在语言能力这一最基本的素质上没有得到切实的提高，就难以胜任语言的教学占有相当比重的中学语文教学工作，也不利于其在语言学方面做进一步的深造。可目前我国高校现代汉语教学的状况如何呢？应该说，现状是不能令人满意的，教学的实际效果与人们所期望的目标有着相当的距离。就教学内容而言，目前的现代汉语课程体系是20世纪50年代中期确定下来的，采用的是苏联模式，分语音、词汇、语法、修辞四大块。这一模式从20世纪50年代一直沿用至今。多年来，人们虽然在内容上有所修订，比如在语法部分突出短语的地位，引进层次的观念，在修辞部分改变辞格一统天下的做法，强调词句的选择，增加语体的内容，但是基本框架未动。学科本身的迅速发展，现代社会对人才的更高要求，使人们越来越清楚地看到现代汉语课程在教学内容上所存在的突出问题。

1. 缺乏科学性

现代汉语作为一门社会性学科，跟心理学、人类学、社会学、民族学、历史学、符号学等其他学科有复杂的联系。目前的现代汉语教学忽略了语言学是在与诸学科的交叉渗透中发展的特点，教学内容没有充分体现这一现代特点。

诚然，语言学是一门科学，把它分成泾渭分明的五大板块有利于研究，也有利于教学。但是这种分类也有不尽完善的地方，多年来，语言教学注重语言知识的丰富和理论体系的完善，忽视了语言各要素、各部分之间的密切联系，忽视了与语言密切相关的人、社会、文化等人文因素。用一种静态的思维方式对待动态的语言学习过程，结果使最重要的交际工具、思维工具脱离了交际和思维本身，使我们的语言教学效果很不理想。

2. 缺乏领先性

现行课程中语音、词汇、语法、修辞四部分的内容都比较陈旧，缺乏深度，跟中学教材有些重复，也比较保守，没有或很少反映学科发展的新成果。有的部分如词汇、修辞连科学的学科体系都未能建立，显得较为零乱，不能给学生以系统的知识。

3. 缺乏全面性

从严格意义上讲，现代汉语应包括现代汉民族共同语——普通话和现代汉语方言，可目前的现代汉语教材及课堂教学往往只讲共同语，不讲或很少讲到方言，存在着严重的片面性。事实上，无论从教学方面还是从研究方面讲，共同语和方言都是相互促进的。在现代汉语课程中加强方言教学，不仅有利于学生全面深入地了解现代汉语，也有利于激发学生的研究意识。

4. 缺乏实用性

师范学校的现代汉语教学还担负着一个重要的使命：提高未来的中小学教

师的语言教学能力及其自身的语言表达能力。目前的现代汉语教学与现实的需求错位，学生学了现代汉语课程后，语言素养并没有明显提高，尤其是作为教师运用语言的技能没有明显提高。教师口语课程，基本以培养师范生在教育、教学过程中的运用能力为目的。但是，这门课的普通话训练内容跟现代汉语课的语音部分重复，教学过程中的口语修辞技巧的某些内容又与现代汉语的修辞部分重复，所以，在师范院校的中文系，口语教学仍应并入现代汉语的课程体系之内。目前的现代汉语教学只重视书面语的教学，忽视了口语是未来教师传授知识时运用语言的主要形式。

（二）教学目标方面

按照现代汉语课程教学大纲规定："本课程以马克思主义为指导，以国家的语言文字政策为依据，贯彻理论联系实际的原则，系统讲授现代汉民族共同语的基础理论和基础知识，加强基本技能的训练，培养和提高学生理解、分析和运用现代汉语的能力，为他们将来从事语言文字工作、语文教学工作和现代汉语的科学研究工作打好基础。"这一规定明确指出了现代汉语课程教学的双重目的：一是现代汉语基础理论知识的学习，二是学生语言实际运用能力与技能的培养。正如暨南大学语言学家邵敬敏教授指出的："现代汉语课程实际上兼有工具、理论和实践三方面的性质；在教学中，一方面要讲授大量有关现代汉语最重要的基础知识，另一方面又要强调以分析方法为核心，目标是培养和提高学生的语言能力，使他们具有语言知识和语言能力的必要素质。"而在实际教学中，现代汉语课程教学目标的设定并没有完全衔接不同专业学生培养的具体目标与要求。而且，实际的现代汉语教学手段与方法在一定程度上忽视了不同专业学生的现代汉语课程的学习应体现出具体的针对性、选择性，进而使得教学效果受到负面影响。

（三）教学方法方面

1. 缺乏启发性

目前的现代汉语教学，在教学方法上，往往只重课堂讲授，满足于一般知识的介绍，缺少课堂讨论和双边活动，没有着力启发学生去思考和发现问题，而且不太注重语言实际和研究实践，不能积极引导学生去观察和分析现代汉语共同语的种种事实，帮助学生提高语言运用能力。由于学生总是处于被动接受的状态，现代汉语课教学过程中缺乏作为语言课必不可少的实践环节，因而学的都是一些死的知识，并未转化为实际能力，而且这样在很大程度上限制了学生的创造性，极易让学生形成僵化的思维方式。

2. 信息化课堂教学滞后

教育的本质是知识传播的过程，传播媒介的每一次变革都将给教育带来深远的影响。当下信息技术飞速发展，带来了一场信息化革命，知识与信息唾手可得，而人们现在只是把技术带进教室，今天的现代汉语课堂，面对信息化的应对策略仅仅是把信息技术带进教室，从传统的板书到运用多媒体辅助教学，多媒体技术仅仅作为一种辅助手段服务于教学，并没有多少实质性改变，人们运用21世纪的技术进行着19世纪传统的赫尔巴特式的教育。长期以来，现代汉语这门课程教学方法、手段单一，侧重语言学理论知识的学习，课堂上以讲授法为主，缺乏互动，忽视了文字作为语言的辅助性交际工具的社会实用性和灵活性。

（四）师生方面

从学生本身来说，其在学习现代汉语的过程中也出现了一些问题。一是从学习内容角度来看，现代汉语教材的内容有一些是在中学阶段已经学习过的，这就使得学生认为学过了也就不想再深入了解，思想上出现轻视现象，忽略了大学的现代汉语课程的真正教学目标；或者是对现代汉语课程的理论性与严谨性准备不足，在学习过程中产生畏缩感。二是大学里的现代汉语的讲授时间一般是一年（两个学期），学完之后，后面就不再学习了。因此，一些学生以错误的学习态度对待这门课程，主要为了应付考试，认为只要考试通过就万事大吉了，没有认识到该课程的延续性、规律性及对自身综合素质能力培养的重要性。三是一些来自少数民族地区的学生因为本身语言具有"双语性（方言、汉语）"，在实际学习现代汉语的过程中遇到的问题比其他学生会更多一些，进而产生思想上的厌倦感。

从教师主体来看，部分教师始终坚持传统现代汉语教学理念，重在课堂上把诸多汉语知识灌输给学生，没有考虑到学生的学习接受能力，在一定程度上忽视了学生实际语言能力的提高，更谈不上对学生研究能力的培养；而"现代课程观认为，课程学习不仅在于传授知识，更为重要的是使学生学习知识的过程成为学生能力发展、情感培养和价值观形成的过程"。在教学内容上，部分教师只是纯粹地把现代汉语的语音、词汇、语法、修辞等几块内容讲授给学生，缺少新内容的加入，也没有反映出语言研究的新成果，在一定程度上忽略了学生学习现代汉语课程的实际需要。部分教师采用的教学手段与方法比较落后、单一化，缺少启发性，甚至出现"启而不发"的教学现象，使得学生感到乏味、枯燥，这就在一定程度上影响了学生学习现代汉语课程的积极性。

　　对于一门课程而言，课程质量的好坏不仅仅取决于学生，更取决于教师。中国大学教学的现状基本上是教师主导课堂，对于现代汉语这种基础类核心课程而言，更依赖于教师，这就对现代汉语专业教师提出了更高的要求。现代汉语作为一门传统课程，其课程结构基本成型，教学内容相比于过去也基本一致，可以说是一门"老课程"，但是学习这门课程的学生却一直在变化，信息化时代学生获取知识的渠道不再单一，学生的知识观、学习观发生了深刻的变化，如果现代汉语专业的教师面对这样的"新"学生仍然保持着传统的教学方法，无疑这样的课堂是留不住学生的。有些学校的现代汉语专业教师多为从事语言工作多年且有丰富经验的老专家、教授，这样的好处是可以保证教学质量，弊端在于可能会造成课堂枯燥无味，难以满足"新"学生追求新鲜感、新事物的心理。因此，现代汉语专业教师需要在教学策略上，针对学生的特点，不断自我完善，将自己的知识结构与信息化时代相融合，在不改变知识基本结构的前提下，辅以生动的生活实例，更加贴近学生的生活实际，让学生感兴趣，"好之者不如乐之者"，只有学生乐于学习了，现代汉语专业的教学才会事半功倍。

二、解决问题的对策

　　就学习而言，我们常说，兴趣是学生学习的动力，兴趣是学生学习最好的老师。鉴于现代汉语课程教学中出现的种种问题，如何激发学生学习、研究现代汉语的兴趣，使教与学的过程紧密结合起来，这是值得思考的。因此，我们提出以下课程教学手段与方法改革策略：

（一）示范式教学法

　　在采取这种现代汉语教学方法的时候，可以从教师和学生两个角度进行：一是教师示范模式，二是学生之间的示范模式。例如，在教授现代汉语语音这一部分内容的时候，教师对于元音、辅音的方法要掌握好，并示范给学生听；又如，在讲授音节时候，可以通过具体的诗词，通过朗诵的方式，让学生理解某个音节的声母与韵母的组合情况，这样就可以使学生既不感到枯燥，也不会使学生发生概念的混淆。学生之间也可以采取示范模式，如在讲解辅音的发音部位的时候，教师可以让学生彼此之间示范发音部位，并相互之间进行观察，加深对辅音发音的理解。

（二）对比式教学法

　　在现代汉语教学过程中，教师可以采取对比式教学法。就如佳木斯大学的贾秀春、高秀梅两人提出的"现代汉语愉快教学法"："在讲述方言与普通话的差异时，可以拿出一段小品文，请各方言区的同学用不同的方言进行朗读。学生的朗读可以说是南腔北调，将会不时地引起大家的一阵阵笑声。"其实，这种愉快教学法的实施过程中也包含了对比式教学法。通过对比，可以让学生超越专业学习的限制，找到方言与方言之间、方言与普通话之间的差异，进而轻松地掌握现代汉语基础知识。

（三）网络和多媒体教学法

大数据时代，学生的自主学习能力得到空前提高，因此现代汉语教学应该准备充足的学习资源以便学生能够更好地自学。信息化条件下，新兴教育模式如"翻转课堂""慕课"的兴起，不仅开阔了人们的视野，也给人们进行现代汉语教学改革提供了思路。学校应树立信息化理念，可以建设现代汉语数字化课程平台，作为课堂的延伸和辅助，可以在校园网开辟师生交流论坛、围绕课程内容、开设相关的教师教学视频、素材课件、随堂练习等模块，以及学生反馈、教师评价等辅助模块。学生的现代汉语课程学习，不应该仅仅局限于课堂，信息平台的建设可以有效弥补传统课堂的不足，提高学生的学习兴趣，从而改善现代汉语课程教学的现状。

相对于传统的现代汉语教学方法，教师可以充分利用网络资源，使用多媒体辅助教学，进而提高教学效果，这是现代教育的一个趋势。因为利用多媒体课件进行课堂教学，可以增加单位时间内的教学内容，优化教学过程，多媒体课件图文并茂，生动形象，将现代汉语教学内容中部分抽象的理论问题，变成可操作的模拟实验。多媒体独特的演示功能，给学生耳目一新的感觉。例如，在讲授文字这一章的时候，教师可以把文字的演变过程通过不同字形的变化演示出来，避免在黑板上写画。又如，在讲授八个元音的时候，教师可以把人体发音器官平面图通过多媒体展现出来，进而具体指出这些音的发出部位，避免学生的死记硬背。由此，教师通过多媒体教学方式，不仅可以活跃课堂气氛，也可以培养学生学习现代汉语知识的兴趣。

（四）课外活动式教学法

语言具有社会性的特点，尤其是语言的要素之一——词汇更能体现出时代特色。那么，在现代汉语教学过程中，教师要充分利用这一点，把课堂与课外结合起来，进而调动学生学习的积极性。课堂上，教师可以把现代汉语基础知识讲授给学生，并以此为工具，让学生学会分析生活中出现的实际语言现象。例如，针对戏剧影视文学专业的学生，赏析电影及剧本是其专业的一部分，教师可以让学生结合自己看的影片，关注其中的语言变化问题，或者关注电影中主人公的语言是不是规范化等问题，从而把汉语知识的学习融入进去。又如，针对对外汉语专业的学生，在课堂上学完一些基础知识后，课外找时间和一些留学生进行交流，比较现代汉语与外语在词汇、语法方面的区别，并试着用笔记述下来，不懂之处可以与现代汉语教师进行交流。

（五）互动式教学法

教师的"教"和学生的"学"是现代汉语教学过程中密不可分的两个方面。学生在中学阶段对汉语知识的学习主要是靠课堂上教师的讲授，而学生为了高考，只是被动地记忆与学习。进入大学之后，学习环境发生变化，学生已经不满足于以前的学习模式，那么，对于现代汉语教师来说，要善于营造一个和谐、互动的课堂，给予学生主动思考的时间与机会，调动他们学习的积极性，达到教学相长的层面。例如，针对文秘专业的学生，其将来就业的岗位一般都会涉及公文的写作，那么，在讲课过程中，教师可以把词汇与语法的教学纳入公文语言实际问题中，可以用一个或几个具体的公文案例，采用提问的方法，让学生去找出其中存在的语言问题，并进行辨析；而教师可以在这些问题解决的基础上联系现代汉语教材的知识点，为学生进行讲解。此外，也可以采取练习的方式，让学生利用课堂几分钟时间现场写作一篇短的公文，根据教材内容找出所用到的语法点。这样，教师便能在动态的教学过程中使学生真正掌握现代汉语理论知识。

第三章　现代汉语教学创新发展路径探索

本章内容为现代汉语教学创新发展路径探索，主要介绍了现代汉语教学创新发展的路径和现代汉语教学创新实践方案。

第一节　现代汉语教学创新发展的路径

一、现代汉语教学创新发展的必要性

现代汉语是汉语言文学专业的基础课程，更是核心课程。为了更好地培养更多具备创新能力的人才，就必须突破传统的教育模式。传统的教育模式大部分就是教师一味讲，不太注重学生是否在听，或者是否能听懂，这样的教育模式必定不会收到好的教学效果，久而久之，学生就会对此学科产生厌烦心理。因此，对现代汉语教学进行改革与创新是非常有必要的。教师要定期对教学内容进行更新，更新过程要以学生的实际情况为出发点，尽量让更多的学生对现代汉语产生兴趣，通过教师的授课，不仅要让学生从中掌握必需的理论知识，还要让学生正确地理解并分析所学的知识，做到合理正确地运用语言知识。

二、现代汉语教学创新发展的突破口

现代汉语课通常分为五部分，分别是修辞、词汇、语法、文学以及文字。作为汉语言文学的一项基础课程，其不仅内容较为丰富，且其中包括的知识结构也非常复杂。目前，为了更好地培养更多具备创新能力的人才，就必须突破传统的教育模式，不断地对教学方法与教学内容进行更新并完善。教师要有创新教学的意识，进一步培养学生的创新意识和实践水平，注重学生的素质、知识以及能力的协调发展。要想实现现代汉语教学的改革与创新，应从以下几个方面进行突破。

(一)明确现代汉语课程的定位

现代汉语课程的专业定位虽然不止一种,但是通过总结归纳,不外乎两点:其一,重视"三基"(基础理论、基础知识和基础技能)的训练,"三能"(理解语言、分析语言和运用语言能力)的培养;其二是不仅要让学生对现代汉语的发展方向进行了解,而且还要有一定的分析能力。现代汉语课程具有很强的理论性和实践性,要将两者有效地结合,这样简单的表述往往会在教学过程中造成不利影响,会出现教师不知道教给学生哪些知识的情况,因此盲目地在课堂上讲,而学生更不知道学些什么。若要改变这一现象,就必须从根本着手,要对现代汉语课程的定位有一个明确的目标。通常我们会将现代汉语课程定位为"三基""三能",这一定位没有完全展现出现代汉语的专业特点,这一定位可以说是颇为片面的。因此,现代汉语的真正定位要在以上基础上,加强对学生的初步理论意识的培养,这样一来,学生才可以明确学习目标,提高主动学习现代汉语的意识。

(二)加强对预习的指导

学生通常会有这样的思想"汉语有什么好学的,人人都会说汉语",学生由于认为自己对汉语这一门课程并不陌生,往往会在学习过程中粗心大意,此时,如果教师能够对预习加强指导,学生会在学习这一门课程时变得主动,进而开始积极地学习现代汉语的内容。首先,教师要正确地指导学生对教材的目录进行预习,从而掌握重点内容;现代汉语从表面上看来,是一个较为完整的知识系统,实际上其在知识的外在形态上并非如此,会给学生一种逻辑性差的感觉。因此,教师要引导学生在课前做好预习,对教材的整体知识列出提纲,对自己的重点与难点做出标记,这样一来,可以让学生做到心中有数,在教师讲课的时候能够及时地将自己认为的难点进行解决。其次,学生仅仅能够做到发现问题是远远不够的,学生除了从预习中标记出自己的重点与难点,通过课堂上得到解决外,教师还应当正确指导学生有效地分析问题,适当地让学生自己去解决问题。在预习指导过程中,学生如遇到问题,教师不要急着将问题的最终答案告诉学生,而要将与问题有关的参考资料提供给学生,或者是给予一定的问题暗示,以此来锻炼学生自己解决问题的好习惯。

(三)改变教学模式

首先,教师要改变以理论为主的教学模式。因为,教师一味地进行理论教学,会让学生产生厌恶感,因而对此学科失去兴趣,教师应当正确地引导学生结合实际进行语言学习，必要时可在课前进行一些有意义的口语训练。其次，教师要结合各种现代化的教学模式对学生进行全方位的语言指导。教师可以充分发挥自己的外语能力，培养学生对不同语言的对比分析能力，从而进一步加深学生对汉语的印象。在科学技术突飞猛进的今天，学生无可避免地会受到五音杂色的干扰，此时，教师就需要抓住这一有利特点，将汉语教学和现实有效结合在一起，使学生不仅可以顺其自然地接受语言知识，而且还能够自发地把自己所学到的知识和现实的语音想象有利结合，这样，能大大提高学生的学习兴趣。此外，还要培养学生分析、解决语言问题的能力，要正确地把汉语和英语进行对比。通常两种有差异的语言，从广泛的理论体系上讲是相通的，但是毕竟是两种不同的语言，由于适用地的不同及文化背景的差异，必然会有不一样的表达方法。随着学生外语知识的不断增加，在汉语课堂上进行汉语和英语两种语言的对比分析是值得实行的，此时，汉语教师要合理地利用语言优势，对汉语知识进行贯通古今与纵横中外的有效授课，从而加深学生对汉语知识的印象。通过此方法，学生不仅会觉得自己开阔了眼界，学到了更多的知识，更重要的是可以有效地激发学生学习汉语的积极性。

（四）增加教学内容的趣味性与生动性

学生从小就开始接触现代汉语，加上课文中的词汇、句子及一些修辞手法，现代汉语对于学生来说并不陌生，这就容易导致学生对现代汉语这一科目缺乏新鲜感，他们会认为自己已经对此科目非常熟悉，并不缺少这方面的任何知识，再加上现代汉语不同于其他科目因有生动的内容而容易引起学生的注意。现代汉语自身具有较为枯燥的特点，这就要求教师在教学过程中要提高教学内容的趣味性。首先，教师要引导学生认识现代汉语的社会意义，从而将学生的求知欲望激发出来，要从语言学的特点方面引导学生从广泛意义上了解语言推动社会发展的重大作用，从而使学生能够充分认识到现代汉语在科学体系中的重要作用；其次，教师要不断地对教学内容进行完善及创新，使教学内容尽量具有趣味性与生动性，这样较易于培养学生的学习兴趣和调动学生的学习主动性。例如：在讲到枯燥无味的片段时，为了避免学生的厌烦心理，教师可灵活运用笑话或者小品的趣味性，将其融入教学中来；还可以选用有关的诗文及寓言故事学习词汇；还可以适当地让学生对名篇佳句进行赏析，从而指导学生体会文中的句式、句型。这样就可以使学生轻松地提高语言的运用能力。

（五）注重实际生活中的语言应用

现代汉语课不仅仅是理论性较强的课程，其实践性也是不容忽视的，理论脱离实践，将会失去其原有的价值，不只是现代汉语，其他任何学科的最终目的都是应用，不面向应用就没有任何学习的意义，现代汉语更是如此。所以，在教学过程中要特别注意理论与实践相结合。现代汉语的教学必须要遵守三个"面向"原则，才会充分发挥其作用，即面向时代、面向社会与面向应用。

首先，在课堂上，教师的授课内容及授课方法往往并不能很好地贴近学生的生活实际，脱离了学生的生活实际情况，导致学生对学习的意义持怀疑态度，最终出现学习兴趣减弱的现象。针对此类现象，教师在教学过程中要注意关注鲜活的语言事实，且要不断对自身的口语水平进行完善。现代汉语教学不能仅限于课堂教学，要适当地走出课堂、面向社会，解决学生在实际生活中遇到的语言运用问题，将授课内容尽量与学生的实际生活相贴近，这样授课内容才能进入学生的学习视野，才能达到学习的目的。

其次，现代汉语课程应当是和社会密不可分的。但是就目前的情况而言，现代汉语与其他课程相比，反而离实际生活更远，这是非常值得关注的问题。现代汉语的教育人员要让此学科牢牢地抓住时代的脉搏，让学生可以感受到时代前进的步伐。在实际生活中，学生与教师相比，前者可以更加敏锐地感受到时代变化给我们带来的语言、词汇的不同，只是学生没有充分的理性认识经验。针对此现象，教师可以组织学生积极地收集日常生活中的各类新型词语，教师可以对这些词语进行语言规范化的指导并和学生进行讨论，这样既能增加学生的词汇量，又能引导学生正确理解词句。

第二节　现代汉语教学创新实践方案

一、情境化教学

（一）情境认知理论概述

情境认知理论（Situated Cognition Theory），最早是由心理学家布朗、柯林斯和杜吉德提出的。它是继行为主义"刺激—反应"学习理论与认知心理学的"信息加工"学习理论之后，与建构主义大约同时出现的又一个重要的知识习得理论，被称为学习观的"第三次转变"。情境认知理论认为，知识是一种动态的建构与组织，知识是个体与环境交互作用过程中建构的一种交互状态，是一种人类协调一系列行为去适应动态发展变化环境的能力，所以知识的习得要联系具体的情境才能较好地掌握。人类学习最初活动是通过感知来实现的，来自眼睛接收到的视觉信息和耳朵接收到的听觉信息传入大脑后，定位于新皮质的不同部位。人的智慧还会对观察和经历过的活动产生各种不同的情感反应，诸如关注、疑问、喜欢、厌恶、恐惧、兴奋等，将这些情感因素加入场景中，便会在大脑中留下一幕幕难忘的情景交融的记忆。人类知识的获得与积累就是来自这种情境认识与情境记忆，其中包含着感性上升到理性的运作过程。

（二）情境认知理论的实践意义

情境认知理论的实践意义主要表现在以下两个方面：

第一，强调情境在人类知识习得过程中的重要作用在审视与检讨传统学习理论，特别是信息加工理论不足的基础上，情境认知理论将个体认知放在宏观的物理和社会的实践情境之中进行考察，强调知识的获得正是来源于人与环境的互动。所谓情境，是指"对人有直接刺激作用，有一定生物学意义和社会学意义的具体环境"。

第二，强调知识是一种动态性的组织和建构，并非静态事件、规则及其表征。"学习是知识的建构，是意义的制定"，而知识则是基于社会情境的一种活动，是个体与环境之间的一种交互作用和协调行为。当代西方学者威廉姆·克兰西认为，"知识不是一件事情或一组表征，也不是事实和规则的云集，而是一种动态的建构与组织；知识还应该是人类协调一系列行为的能力去适应动态变化发展的环境的能力"。

相关理论表明，知识习得是基于社会实践情境的一种认知活动，而不是只发生在认知主体内部的一种符号性表征或结构的获得与应用过程。知识是个体与环境交互作用建构起来的动态性整体或系统。知识的传授与习得必须要联系相关情境，即所谓"实践出真知"。知识的获得是一种动态过程，是认知主体与社会情境不断进行能量交换的互动过程。学习的实质是个体参与实践，与他人、环境等相互作用的过程，是形成参与实践活动的能力、提高社会化水平的过程。学习更多的是发生在社会环境中的一种活动。对于高校现代汉语教学来说，其实践性意义主要表现为语言教学与社会实践的内在性关联，以及教师在教学过程中如何认识并处理好这一关联。

（三）情境认知理论的发展

情境认知理论的研究性内容，在较早的历史时期已经产生相关的萌芽。在近代以来西方对心理学与教育学的研究过程中，情境认知理论逐渐形成了相关的体系，并且在欧美发达国家的教学过程中得到了应用与实践。我国的教育研究者对于情境认知理论的研究开始较早，在近年来的教学实践中体现出了其独有的作用，受到了广大一线教师的重视，进而展开更为细致的研究与实践。

（四）情境认知理论的特点

事实上，情境认知理论的应用，是在最大程度上还原人们对于知识理论初步的认知，并且逐渐加深认知进行系统构建与应用探索的整个过程，因此，这一教学方式具有其明显的特点。

1.再现知识的初次认知过程

情境认知理论的基本特点是要在教育活动中为学生构建一个知识产生出现的过程。学生作为学习的主体，在这一活动中是这些知识内容的直接体验者，可以在体验知识的过程中，对知识的内容进行总结，并且与课本中的知识理论相互对照。

2.具有实践的性质

在以往的教学过程中，教师的教学行为可以描述成将前人在实践过程中总结出的经验传授给学生。因此，学生所得到的完全是理论性的内容。这在许多实践性较强的教学活动中，会增加知识的难度与复杂性。例如，在现代汉语的教学中，学生作为母语的学习者能够直接地应用汉语的内容理解许多语法的现象，教师进行完全汉语语法的教学，即将教学的内容复杂化。通过情境的构建，学生在学习活动中直接进行知识的实践体验与总结，在汉语语言的教学中具有较高的优越性。

3.加深了学习中的交流探究过程

在高等教育阶段的许多教学活动中，由于教学的内容具有较强的专业性，学生的知识水平与理论的构建水平较为有限，因此，整个课堂教学的过程像是教师的独角戏，学生的参与程度极低，知识的学习缺少交流的过程。在实际的教学活动观察过程中，笔者能够明显地发现，许多课堂中的交流互动都不是出于学生的主观意愿，是教师为了完成教学而进行强制派遣的一种任务，交流失去了其原有的意义与价值。而情境认知理论的应用，能加深学习中的交流探究过程。

（五）应用情境认知理论的创新措施

1.增加情境化教学的应用范围

教师在经过系统的情境认知理论的相关研究之后，需要在教学中增加其应用的范围与比例，将课堂的整体实践性进行提升。在教学中，无论是对于知识的系统构建还是在知识细节上的构建，教师都需要引导学生在学习的过程中，根据其思维及理解能力的特点展开再次的学习探索。一是教师必须解决好教学过程和教学目标两个重要问题。随着高校教育体制的改革，教学活动更加个性化和多元化，教师要充分认识到教学过程并非传统意义上的课堂教学，教学过程和教学目标变得更加多元化，应鼓励学生展开自主学习，创设丰富的教学情境，从而提升学生的实践能力。二是情境化教学通过实践来实现。实践性教学可以从课内拓展至课外，教师应充分利用语言实践来组织教学活动，从而增强课堂教学的丰富性和实践性。

2. 贯彻情境化教学理念

现代汉语教师要充分认识到先进教学理念对现代汉语教学工作有效开展的重要意义，因为，思想认识上的转变是课程改革的前提条件。传统的"重理论，轻实践"的错误教学理念必须改变，现代汉语教师要认真研究课程教学规律，特别是学生的知识习得规律。具有实践指导意义的情境化认知理论是学生获取知识的一条重要规律，教师在教学过程中只有遵循这一规律才能取得理想的教学效果。"理论是灰色的，而生命之树常青"，经过抽象概括的理论只有联系实践，回归实践，才能实现其应有的价值。就高校现代汉语教学来说，教师首先必须明确教学目标，即"培养和提高学生理解、分析和运用现代汉民族共同语的能力，为他们将来从事语言文字工作打好基础"。在此基础上形成科学的教学理念，切实贯彻理论联系实际的教学原则，使学生学习了现代汉语相关理论和知识以后，能够真正用来指导自己的语言实践。

3. 利用情境化教学方法

所谓教学方法情境化，主要是指教师要遵循科学的教学规律，通过创设各种情境开展教学。情境化教学理念蕴含了"从实践中来，到实践中去"的实践论思想精髓，要求现代汉语教学工作必须解决好教学过程和教学目的两个问题，前者涉及如何联系语言实际开展教学，后者涉及如何切实提高学生的实际语言运用水平。因为，语言既是人类的认知成果，又是人类的认知工具，这双重角色使其与人类社会实践密不可分。相应地，现代汉语教学也必须要以语言实际为依托，又要以语言实际应用为旨归。就方法来说，情境化教学可以通过加强实践性环节来组织实施。实践性教学可以从课内延伸到课外。教师可以通过联系学生语言运用实际及社会语言运用实际来组织教学，以增强课堂教学的实践性。例如，语音教学可以联系当地方言与普通话的区别以及其他有声教学资源，文字教学可以和语言文字规范化工作紧密相连，词汇教学需要密切关注当代词语新现象，语法教学可以将新时期"反语法"现象引入课堂，修辞教学可以适当增加"广义修辞学"的教学内容。此外，还可以利用现代化的多媒体技术创设实践性教学情境。课外教学，可以通过开展一系列活动来强化实践性情境教学，其中成立语言文字兴趣小组，开展社会语言运用调查研究，应该是行之有效的方法。教师应努力做到使课外学习成为课堂教学的补充和延伸，成为学生获取语言知识和锻炼语言能力的主渠道。当前，许多大学都在积极开展大学生实践创新活动，对于高校现代汉语教学来说，应该充分利用这一条件，组织学生积极参加语言文字应用的社会调查研究工作，将理论应用于实践，并用实践性成果来进一步丰富课程理论教学。

在进行细节知识的教育引导时，教师可以将不同的细节性的知识内容分配给不同的学生小组，由其在课下进行知识的研究与总结。在课堂教学中，教师通过情境化的课堂构建，将学生引入学习的氛围中去，对知识的基础内容与概念进行初步的讲解，在此之后，请出小组的成员，进行现身说法。需要注意的是，学生在进行知识阐释的过程中，不仅需要对于知识点以及知识的内容进行说明，也需要将自己学习过程中出现的实际情况以及问题、想法等依次进行说明，使得其他的学生能够在这一描述的过程中强化体验感。由于进行的是高等教育阶段的现代汉语课程，学生在描述的过程中需要应用具有画面感的精确描述，对于自己的探究过程进行复原，这也是锻炼学生能力的一种手段。

4. 丰富情境化教学内容

语言与人类社会生活息息相关，社会生活的发展变化必然会在语言层面有所反映，而语言也必将会随着社会生活的发展变化而发展变化。因此，就高校现代汉语教学改革来说，当务之急是我们教师必须从"象牙塔"中走出来，让现代汉语教学回归实践情境，回归现实生活。这种回归有两层含义：

第一，针对现行教材内容概括抽象的特点，教师应该引领学生解压缩，将抽象还原为具体，给规则找到来源，对教学内容进行必要的情境化拓展与补充，也就是吕叔湘先生所说的"教活"。受限于编排体系与内容标准，现行教材一般都具有概括抽象的特点，重视课程理论节点的介绍说明，疏于实际语言现象的援引分析。因此，教师必须善于将实际语言现象融入课程教学，使课程教学获取必要的情境化实践资源的有效支撑。

第二，将当代最新语言现象引入课堂，以彰显现代汉语教学的时代性和实用性。随着社会的发展变化，人类语言运用已呈现出诸多不同以往的新特点，尤其是进入信息化时代以来，电质媒介粉墨登场，诸如 ICQ、QQ、MSN、E-mail、BBS 论坛和博客之类，使传统纸质媒介受到强烈冲击，网络语言多样性和规范化问题已经成为新时期语言教学与研究的新课题。也可以说，新时期复杂多样的语言生活就是一个庞大的情境语言资源库，尤其是电质媒介语言已经成为一个不容忽视的重要存在。根据中国互联网络信息中心（CNNIC）的最新统计，截止到 2021 年 6 月，我国网民规模已达到 10.11 亿。这是一个庞大的语言运用群体，将其拒之门外显然不可取。教师应该有选择性地将最新语言现象引入课堂，以凸显现代汉语课程教学的时代意义与应用价值，进而达到激发学习兴趣、提高教学质量的目标。

事实上，汉语的研究过程是在汉语应用的基础上进行的。汉语在世界范围内具有较大的影响。因此，整个外部社会环境就是一个大的情境，教师将最新的课本中没有体现的语言知识进行引入，并且引导学生应用身边的大环境进学习及理解，就是应用了最为广泛化的情境认知教学法。例如，在语言现象及词汇的研究中，教师将目前的网络词汇作为一种补充性的内容加入课程当中，并且听取学生在其日常网络活动行为中的应用事例，就语言中衍生出的新用法进行分析，再与现代汉语的应用、语法原则相互比照，推测这一语言能够应用的时间范围。多数的不规范的网络语言等流行词汇会随着使用情境的不复存在而逐渐消亡，学生在自己的实际生活中就能够观察并且了解到这样的状况。

在高等学校的现代汉语教学中，教师需要根据学生的学习需求以及教学的内容，结合情境认知理论，直接应用或者创制、还原一种情境，使得学生能够在学习的过程中参与到整个语言知识的认知过程中，使得纯粹的经验学习转化为一种实践性的行为，增加学生的学习参与兴趣。与此同时，在教学中，教师需要将新的知识内容进行引入，以弥补课本知识构成的不足。

5. 优化情境化考核方式

从某种意义上来说，考核方式就是课程教学的指挥棒，对学习内容和学习方法具有导向性作用，因此，考核方式得当与否对课程教学的成败具有极其重要的影响。对考核方式进行"情境化"改革可以从两方面着手。一是理论考核与实践考核并重。理论考核偏重于课程基本理论知识的考查，实践考核偏重于实际应用能力的考查，二者共同构成基础知识与基本技能并重的考查体系。二是改革理论考核题型与内容，适当增加综合性、应用性与情境性考题，以彰显课程考核的实践性导向。笔者建议理论考核题型应该按照主客观占比各为 50% 进行设计，指导学生既要重视课程基本理论知识的必要识记，又要重视语言文字实际运用能力的培养与提高。在题型上，可以将填空题、选择题和解释题设计成客观性考题，重点考查学生对课程基本知识点的掌握情况，将分析题、简答题和论述题设计成主观性考题，或者将论述题设计成理论与实践并重的综合性考题，还可以增设应用题型和情境题型，以考核学生课程理论知识的实际应用水平。总之，考核方式的改革目的旨在引导学生正确对待课程教学目标，树立理论与实践并重的学习理念。

二、趣味性教学

（一）趣味性教学概述

《现代汉语教学大纲》明确规定：现代汉语课程是高等院校汉语言文学专业的一门基础课。它以辩证唯物主义为指导，以《国家通用语言文字法》和其他政策法规为依据，系统地讲授现代汉民族共同语——普通话的基础理论和基本知识，训练基本技能，培养和提高学生理解、分析和运用现代汉民族共同语的能力，为学生将来从事各项工作，特别是语言文字教学和科研工作打好基础。从笔者多年的教学经验来看，要想真正提高高校现代汉语课的教学效果，仅仅依靠教师照本宣科地进行理论传授是远远不够的，还必须在教学手段上下功夫，提高现代汉语教学的趣味性，加强学生的学习兴趣。

趣味教学法是培养学生创新能力的重要途径，更是培养学生思维能力和学习兴趣的重要方面。如何将现代汉语教学与趣味教学法相结合是提升现代汉语教学水平的关键。笔者结合教学实践，探讨如何利用现代多媒体技术、有趣的方言现象、现有的学习资料和趣味性语料来提高现代汉语教学的趣味性。

（二）提升现代汉语教学趣味性的措施

1. 应用多媒体技术

"多媒体"一词，在《现代汉语词典》中的解释是"可用计算机处理的多种信息载体的统称，包括文本、声音、图形、动画、图像、视频等"。利用多媒体技术就是在教学过程中恰当地插入与教学内容相关的音频、动画和视频等文件，从而激发学生的学习兴趣。现代汉语的教学内容包括绪论、语音、文字、词汇、语法和修辞等六个部分。这六个部分的教学内容，都可以与现代多媒体技术有机地结合起来。比如，教师讲授普通话的语音部分时，就可以借助多媒体技术增强课堂的趣味性，如在讲授韵母这一节的押韵时，教师除了请学生欣赏和朗诵诗歌、民歌之外，还可以请学生欣赏令人印象深刻的广告视频，如宝宝金水花露水的广告视频，然后再请学生从语音美的角度来说出广告语"妈妈，我要洗澡澡，宝宝金水少不了，滴一滴呀泡一泡，没有痱子没虫咬，妈妈妈妈，你真好；妈妈，我要睡觉觉，宝宝金水少不了，没蚊子呀没包包，妈妈妈妈，你真好！"的妙处所在。在一问一答轻松愉悦的氛围中，跟押韵有关的理论知识自然而然地就会以润物细无声的方式内化于学生的大脑。除了广告视频，教师还可以播放学生普遍比较感兴趣的流行歌曲，如《隐形的翅膀》，欣赏完视频后再请学生从语音美的角度说出歌词"每一次，都在徘徊孤单中坚强；每一次，就算很受伤也不闪泪光。我知道，我一直有双隐形的翅膀……"的妙趣所在，很显然，歌词的一个重要特点就是押韵。这样的课堂既使学生感到放松，又可以把枯燥乏味的理论知识有趣形象地诠释出来。由此可见，在现代汉语教学中，教师有效地运用多媒体技术，不仅可以实现传统专业课程与现代信息技术的结合，还可以增强课堂教学的趣味性，让学生在视觉美和听觉美的享受中，把枯燥难懂的理论知识内化于心。

2. 利用有趣的方言现象

现代汉民族共同语是在北方方言的基础上形成的，因此在讲授的过程中，难免会涉及汉语方言的知识，如果在教学中加以利用，不仅可以增强课堂的趣味性，还可以使晦涩难懂的理论知识变得浅显易懂。比如，教师可以根据现代汉语语音教学、词汇教学和语法教学的需要，选用合适的方言素材，实施教学。在现代汉语教学中，有的字古今读音不同，必须按古音读方才押韵；有的字今天已经不常用，属于生僻字，教学时如能巧妙利用方言，往往能起到很好的效果。另外，古汉语发展到今天，平分阴阳、入派三声，普通话里已经很难区分平仄了，而用方言一读，便能让学生清楚区分其差异。比如，讲授古今调类的演变规律时，通常都会涉及全浊声母和次浊声母这两个概念，如果直接用理论化的语言去解释，很难使学生真正掌握，因为学生学过的普通话的 21 个辅音声母中根本没有浊塞音和浊塞擦音。相反，如果教师先不解释这两个专业术语的含义，而是请来自吉首地区的学生用吉首话读一下"伯、婆，职、池，急、齐"等几组字，读完以后再解释各组两个声母之间的差异，即前面一个是清塞音或清塞擦音，后面一个就是浊塞音或浊塞擦音。结合吉首方言中的浊塞音或浊塞擦音现象，全浊、次浊的问题一下便迎刃而解。此外，语音部分的"音位"一节一直以来都是一个难点问题，尤其是音位变体中的自由变体和条件变体两个概念。如果借助方言中的相关现象，效果往往会大不一样。比如，教师在讲授音位的自由变体时，可以先请来自龙山的学生用龙山话发一下"刘、牛，连、年，梨、你"等几组字的音，读完以后请大家辨析这几个字的声母是否有差异，然后教师再结合龙山方言的实际情况进一步解释 n、l 两个辅音音素在龙山话语音系统中的作用，即可以自由替换而不影响意义，是两个自由变体。由此可见，在讲授现代汉民族共同语的基本理论时，如果能充分利用现代汉语方言中的相关现象，不仅可以使深奥的理论变得浅显易懂，还可以增强学生的积极性和主动性。

3. 利用现有的学习资料

现代汉语课是汉语言文学专业的一门专业基础课，包括语音、文字、词汇、语法、修辞等多个部分，其内容丰富，概念繁多，知识结构复杂。在具体教学中，要从学生的实际情况出发，结合教学内容，补充相关的学习资料，就能帮助学生巩固所学，同时，也能拓展学生的认知范围。随着社会的发展，学生获取信息资料的途径也越来越便捷，所以，教师补充的学习资料可以是学生熟悉的生活素材，也可以是网上下载的资料。比如，声母一节的"声母辨正"部分，教材的解释是"n 和 l 都是舌尖抵住上齿龈发音的，它们的不同主要在于有无鼻音，是从鼻腔出气，还是从舌头两边出气。为了分辨 n 和 l，不妨用捏鼻孔的办法来练习"。另外还列举了几组例词：男女、褴褛，无奈、无赖，河南、荷兰，泥巴、篱笆，恼怒、老路，浓重、隆重。对于声韵母的辨正而言，词语的对比练习固然重要，但是教师如果还能从网络上查找一些其他类型的相关练习资料，如"刘小牛与柳小妞""牛和柳""蓝教练和吕教练"等绕口令，不仅可以使练习方式多样化，还可以增强现代汉语教学的趣味性。此外，词汇、语法和修辞部分，相关的参考资料也是浩如烟海，比如，讲授同音词的作用时，就可以充分利用生活中无处不在的广告语，例如：实不相瞒，天仙的名气是吹出来的（天仙牌电风扇的广告语）；好事从头来（某理发店的广告语）；与时代同步，为足下生辉（兰江鞋厂的广告语）。耳熟能详的广告语不仅使深奥的理论变得形象具体和通俗易懂，还可以使严肃的课堂教学与日常生活紧密地联系起来，将抽象的理论轻而易举地转化为熟练的运用能力。教师在讲授语法时，还可以与大家都普遍关注的热点现象结合起来，如让学生查找某位当红娱乐明星致歉信中的病句等，不仅可以将语法部分的知识全面融合起来，还可以使沉闷的课堂变得生动有趣。修辞部分更是如此，除了利用网络资料和身边随处可见的广告语，还可以跟学生最喜欢的书籍和作品联系起来，这些俯拾皆是的参考资料对增强现代汉语课堂教学的趣味性都是大有裨益的。

4. 应用趣味性语料

趣味性语料，是指有内涵、有意思，能够让学生提高学习兴趣的语言材料。在讲解语言理论的同时，有效地选取趣味性语言材料，深入浅出，会让理论知识更具有解释力和说服力。趣味性语料的本质属性是趣味性。具有趣味性的语言材料才能吸引学生，充分调动课堂教学的活跃性，激发学生产生学习的兴趣和动力，从而可以更好地提高教与学的效果。趣味性语料可以来源于各个方面，包括网络用语、情景对话、幽默小品等。但仅仅具有趣味性的语料，对于现代汉语教学而言是远远不够的。在现代汉语教学中，趣味性语料的选用应遵循以下三点原则：

（1）理论性与实践性相结合

现代汉语课是一门理论性和实践性都很强的课程，注重培养学生的语言研究能力和语言应用能力。趣味性语料并不是在一个语言理论后面附加上几个有趣的句子而已，而是要有理论基础和实用价值。陆俭明提出把当代语言学理论应用到汉语教学中。这要求教师具备扎实的语言学理论知识，关注语言学前沿，多方位地了解当代语言学理论，理论联系实际，选取适当的语料作为理论教学的实例分析，更加生动形象地说明语言的规律性。

（2）针对性与知识性相结合

根据不同的教学知识点，有针对性地选取若干个趣味性语料，并要求语料中可以传达一定量的新知识。寓教于乐，在理论的学习中掌握相应的新知识。这就要求教师在日常生活中注意收集相关的趣味性语料，并针对不同的教学内容进行整理归纳，有效地应用于课堂教学中。

（3）时代性与生活性相结合

语言理论来源于语言生活，并应用于解释生活中的各种语言现象。语言并不是一成不变的，是随着社会的发展变化而不断发展变化的。在社会发展的浪潮中，新的现象和事物不断出现，导致新的词语和用法不断出现，尤其是近些年来随着互联网的迅速发展，网络用语的出现与传播更在很大程度上影响着人们的日常生活用语。而现代汉语教材的编写和修订显然赶不上时代的发展变化，教材中的用例也很陈旧。这就要求教师应该与时俱进，不断收集具有时代特色和生活气息的语料。

值得注意的是，现代汉语的教学任务是系统地讲授现代汉语语音、词汇、语法、修辞等相关方面的理论知识，任何语言材料只是对语言理论的解释与补充，在教学时切忌本末倒置，一味地运用趣味性语料从而忽视语言理论的教学。运用趣味性语料的目的在于可以更加生动形象地解释相应的理论知识，深入浅出，从而激发学生的学习兴趣和动力，有效提高课堂教学效果。

（三）趣味性语料在现代汉语教学中应用的意义

语言理论来源于语言事实，并应用于语言实际。现代汉语课程的教学任务在于系统地讲授现代汉语语音、词汇、语法、修辞等理论知识，培养学生汉语知识的实际应用能力。趣味性语料的运用是对这些理论知识讲授的解释与说明，对于教学效果有积极的促进作用，主要表现在以下两大方面。

从教师的授课方面来看，现代汉语课程的教学目的在于传授汉语理论知识和培养学生的汉语应用能力。教师是课堂教学的引导者,利用"引发式"课堂教学模式,通过对汉语理论知识的精讲、少讲,多提问题,引导学生思考,指导学生观察发现,培养学生的汉语应用和研究能力。在现代汉语理论知识的讲解中,适当地运用趣味性语料会让学生更加有效地理解知识,提高学生理论知识的实际应用能力。

从学生的学习方面来看,高校开设现代汉语课程的目的在于让学生掌握汉语理论知识,并运用所学的理论知识应用于实际生活中。尤其是在应用型高校的建设背景下,学生实际运用知识的能力则更为重要。根据当代大学生求新求异的心理,趣味性语料更有利于引起学生的兴趣,激发学生的求知欲望。另外,学生还可以成立"汉语兴趣小组",自己动手收集诸如此类的趣味性语料,在课堂上进行分享,培养自主学习意识,更好地领会汉语理论知识,并运用这些知识解释生活中的语言现象,充分发挥自身的主动性、积极性和创造性,从而全面提高自身的综合素质。

三、探究式教学

(一)探究式教学概述

所谓探究式教育法,通俗来说就是在教学某一些概念、定理的时候,教师通过案例的引导和问题的提出,来让学生进行关于问题的讨论和探究的教学方法。由于这些案例是和学生的生活息息相关的,学生在学习的过程中就会有很高的积极性和热情,并且在互相讨论中掌握相对应的知识。这种以探究为途径的教学方法最早是由美国教育家约翰·杜威提出的,并且迅速在全球范围内得到运用和推广。随着我国高效课堂改革与素质教育的全面深化,探究式教学法也逐渐扩大了其应用范围,取得了较为显著的成效。

(二)应用探究式教学的措施

现代汉语是我国当代高等院校汉语言文学专业中的重要课程,但是其中存在一些较为深奥和枯燥的理论,让学生在学习过程中感到困惑。而如果教师可以借鉴探究式教学法,将其运用到现代汉语的教学中,则可以有效地将沉闷的课堂变得更为有趣,在培养学生探索与创新能力的同时还可以有效增强学生的实践能力。

1. 做好课前准备

约翰·杜威所提出的探究式教学法,其核心与难点都在于将学生放在教学的主体地位,通过多维度的教学来激发学生对于知识的渴求以及对问题答案的兴趣,教师在课前准备方面可以说是大有可为的。

（1）选择经典文献

探究式教学应用在课堂中的一般形式都是由教师先提出关于课程的一些教学问题，其意义在于让学生对问题产生共鸣并且深入进行思考，从而保障课堂教学的顺利开展。在这个过程中，教师可以利用自身的知识底蕴来提问，也可以针对教学课程内容进行深层次的发掘，从文献中找寻问题。选择经典文献可以让学生在短时间内掌握和理解文献的内容，增强学生的主观能动性。在学生累积了一些专业的文化知识后，就可以有效地对于问题来提出自己的想法，并且有了深入探索的动力。因此教师为学生选择的文献是极为重要的，应当选取适合学生、接近课程、难易适中、富含趣味的文献。

（2）创设问题情境

探究式教学法的核心和宗旨在于要增强学生的自主学习兴趣。因此，教师要在课程教学过程中进行合理问题情境的创设，通过搭建更为符合课程的问题情境来让学生积极有效地参与到问题讨论中，这也是保障探究式教学法应用和推广的重中之重。在实际教学中，教师往往可以根据学生的理解能力和消化能力进行问题的选择，挑选那些适合学生、接近课程并且难易适中的问题，让学生不会感到很吃力，才能够更有效地促进学生进行深入的学习。可以设置多组问题，难易程度相交递进，这样可以满足大部分学生的不同能力需求。在学生受到问题激发后，会积极并且主动地翻阅课本和查找相关资料，找寻相关的知识点，在自己的理解之下形成自己的观点，并进一步和其他同学进行讨论。这种讨论其实就是对知识进行深入探究的过程，迸发出的都是思维的火花，更有助于学生对于问题的深入探究。探究式教学通过全面调动学生对于知识的主观能动性，来促进教学任务的推进。

2.课堂教学创新

探究式教学法在当代高校中的应用，核心在于突出学生的学习主体地位，并且通过对学生学习兴趣的激发来调动学生对于学习的积极性。而课堂作为教师和学生直接接触、教学任务直接开展的场所，更是科学合理应用探究式教学法的"主阵地"，只有牢牢守住主阵地，才能够有效地保障学生对知识的渴求，才能更好地激发学生的自主潜能。

（1）建立开放式课堂

探究式教学在课堂中应当将教学主体地位交还给学生，从原本的"填鸭式"教育转变为"生本式"教育，不仅可以适当减轻许多教师繁重的课业负担，而且可以将教师的主观能动性发挥到极致，提升整体课堂教学内容的深度与广度。例如在现代汉语的教学中，有一部分内容是词类的划分，教师首先应当将开放式课堂中课前所布置的思考题公布给大家，通过引导学生进行讨论和分析，来梳理问题的对应解答，请学生进行自主发言和相互的讨论，并且总结出不同的观点与看法，由教师来进行整体的汇总与分析，并且在课堂中和学生一起讨论。并且在讨论过程中如果其他学生有不同的观点，可以随时举手进行反驳，这样的讨论是思想的碰撞，是基于每个学生对于知识的理解程度所提出来的，对问题进行多方面、多维度的剖析，在教师的参与下可以保证课堂正常讨论的秩序。这样的教学与开方式的课堂，真正做到了以学生为课堂中心，为学生搭建了一个科学合理、轻松愉悦的学习环境，同时让学生的创新能力、实践能力、总结能力以及即时的口语表达能力都有一定程度的提升；同时教师还可以对学生采取分组合作的方式，让学生按照一定的次序来分组讨论，这样则更加有趣味，学生也更愿意参与，并且可以极大地锻炼学生的团结合作精神、团队领导能力，让学生获得荣誉感和成就感。

（2）教师全程参与

探究式教学法应用在教学中，一方面可以增强学生的自主学习能力和创新能力，另一方面也可以为教师减轻一些传统教学的负担。但这并不意味着教师的任务会减轻，在探究式教学过程中，教师也应当全程参与其中。当前对于我国部分高校的探究式教学试点课堂中，笔者发现部分学校存在不积极、不主动的情况，甚至学生讨论只是作为一个课堂形式，教师也没有积极参与其中，这样的课堂教学对于学生能力的提升实在是无太多用处。因此合理的探究式教学应当是"学生＋教师"的全面结合，在学生讨论的过程中教师可以给予适当的指导，在总结陈词的过程中教师可以进行问题的升华，在课程准备的过程中教师应当进行细致的选择，在课程开展的过程中教师应当灵活而多变。只有这样才能够引领课堂向正确的方向前进。在课堂教学的过程中教师也要学会进行角色的自主转变，尤其是在遇到学生迷惑不解的问题的时候，教师进行适当的点拨往往可以极大地节省学生在错误的道路上所浪费的时间。

（3）以学生为主体

通过提出问题、学生讨论、学生总结、教师指导之后，课程已经过半，而这时候正是让学生对于问题进行深入思考的最佳阶段。教师可以鼓励学生大胆地提出自己的想法与问题，让学生从闭塞的学习中走出来，勇敢地迈出自己的脚步，遇到困惑和问题就提出来，跟教师和同学一起讨论和分析。新时期，现代汉语教学课堂不仅仅是教师的课堂，更重要的是学生的课堂，通过教师的及时指正、学生的积极思索才能够构建更加优秀的教学体系。而在学生合作探究的过程中，学生真正将自己当作课堂的主体，通过和其他同学进行热烈的讨论，通过和教师进行想法的探索，不仅可以将课堂的讨论推向高潮，更可以激发学生的学习兴趣，让学生更为积极、更为主动地去查找相关的资料，甚至出现一直争论到下课也没有取得一致的意见的情况。而这种情况教师应当及时进行不同观点的总结，并且在下一堂课请学生进一步发表自己的看法，而教师要及时提出自己的见解，让学生有种恍然大悟的感觉，不仅可以有效地深化教学内容，而且可以更为显著地强调教学的核心与重点问题。

3. 课后复习

探究式教学法在当前的高校教学中已经取得了一定的应用成效，并且这种教学方式不同于传统的"教学＋板书"的教学方式，而是有机地结合了课前、课中以及课后的多角度教学，可以有效地培养学生的创新与协作能力。而课后的复习不仅仅是对课堂内容的总结，更重要的是培养学生对于问题进行深层次的探索与总结的能力。教师可以通过规划合理的学生课后复习作业的方式，来促进学生的及时复习，并且要布置可以增强学生创新能力的思考拓展题，让学生在课外时间也愿意进行相关问题的探索，并且在进一步的讨论中得到对应的答案。这样的教学才是完整的探究式教学课程，学生的学习内容得到强化与巩固的同时，也在思考过程中增强了创新能力。因此探究式教学法是一种激发学生主观能动性的重要教学方法，并且在应用中可以非常有效地促进学生进行问题的思索和论点的提出。和传统的教学方式相比，探究式教学法的课后复习阶段依然可以有效地增强学生的团结与协作能力，是一种行之有效的高效教学方法，在汉语教学中更是有其独特的作用。

在当代的汉语教学中，如果能够广泛应用探究式教育法，可以有效地将学生的主观能动性激发出来，在培养学生探索与创新能力的同时，让学生的实践能力得到提升。探究式教学在课程教学过程中进行合理问题情境的创设，通过搭建更为符合课程的问题情境来让学生积极有效地参与到问题讨论中；同时这种教学方式一方面可以增强学生的自主学习能力和创新能力，另一方面也可以为教师减轻一些传统教学的负担。合理的探究式教学应当是"学生＋教师"的全面结合，教师在探究式教学法的实际实施过程中仍然有举足轻重的作用，在现代汉语教学中应当全程参与学生的学习进程，并且融入自身的经验，将学生的讨论与分析引向正确的方向。

四、多模态教学

（一）多模态概念

二十世纪九十年代后，信息技术的快速发展使得多模态理论成型、发展。

按照 G·克瑞斯的说法，模态是人类通过感官跟外部环境之间的互动方式，如视觉、听觉、嗅觉、触觉、味觉等的运用，都是人跟外界互动的方式和通道，也是我们所说的模态。多模态是人跟外界互动的多种方式和通道。目前多模态除了在信息学界备受重视外，在高校教学研究和实践中也越来越受到关注。

（二）多模态教学概述

多模态教学是指在教学中将语言、图像、声音、动作等构建的多模态系统组合为有效的表达和交流方式，并指导学生使用多模态手段构建学习的过程。对教学而言，综合利用多种模态，教学效果会更显著。传统教学方式更倚重视觉与听觉。多模态教学方式不仅全面启动多模态，而且在视觉、听觉方面因为有了信息社会的背景，也呈现出了全新的模态形式，即不再拘泥于教师讲、学生听，教师在黑板上写，学生在讲台下看。由于运用了电子产品、网络等各种教学音像资料，听、说这两种模态呈现出生动丰富的面貌。目前，多模态教学在国内外的中小学、高校都有运用，高校更多见于英语学科教学。汉语言文学类的学科教学，包括现代汉语，运用得较少。

（三）多模态教学的构成

多模态教学由相对静态的理论知识和相对动态的实践操作两部分构成。

1. 理论知识

现代汉语理论知识分为汉字、语音、词汇、语法、修辞五个方面。这几个方面的理论知识在慕课、哔哩哔哩站点上有北京大学、华中师范大学等高校的国家级精品课、名师课。教师可以参考这些视频课程，将重点难点部分剪辑整理，以便学生在课前预习或在课后复习巩固；还可以让学生接触名师优课，深入理解重点难点知识。除了教学视频外，教师还可以建立相关的素材库，以便学生更好地理解知识点。比如，讲到方言时，可以用方言地图、地域纪录片、方言电影、方言视频或音频等材料，通过视觉、听觉方式综合呈现方言的语音、词汇特点。对于抽象、理论性较强的语法点，如"把"字句，可以结合语料库，展示"把"字句丰富的特征表现，让学生的学习从形象感性出发，上升到抽象概括的语法规则。

2. 实践操作

如果说理论知识的多模态教学主要依靠视觉和听觉的话，那么现代汉语课程的多模态实操课就是调动起多种感觉基础上的表达能力与思考习惯的培养与发展。如学习词语时，学生不仅应当通过视频、PPT 等手段知道词语具有随时代变化的特点，还应当在教师的引领下，观察真实的社会，探究词汇变化的具体过程。学生可以通过观看不同时期的电影，找出具有时代特色的词语，分析这些词语与社会共变的规律；还可以通过自编自演小话剧，感受不同时代的文化、经济在词汇、语句上的表现。这类具有实操性质的学习是多模态的、生动的，更容易被学生内化为真正的认知。

（四）多模态考核

课程评价通常是单一的，教师出题，学生答题，分数就是唯一的学习效果评价标准。这样的考评显然是肤浅的，无法反映出学生除记忆片段知识外的其他能力。现代汉语课可以使用多模态考核评价方式，如教师评价学生、学生之间互评、学习平台数据记录等，使考评更全面，更个性化；考评手段也可以不限于卷面问答，还可以使用语音提交、视频提交完成的课堂任务等多模态考评手段。

教师可以在学习平台布置学习任务，学生自选任务完成，系统记录数据，以此作为评价依据。也可以采用课堂分组完成任务后，学生之间相互评价的方式进行考核。这些灵活多样的考评方式弥补了试卷问答的不足，能全面立体地反映学生的学习效果和水平。

（五）多模态教学模式对现代汉语教学的影响

汉语言文学类课程包括现代汉语课较少使用多模态教学，不是因为不需要、不适合，而是相比较而言，英语教学通常比作为母语的汉语教学在方法探求上的步子更快一些。现代汉语要弥补上文所说的不足，强化教学效果，就应该学习外语学科中的好经验、好方法。多模态教学模式对现代汉语的影响主要表现在以下几个方面：

1.使现代汉语知识更易理解

现代汉语知识的传授如果只限于文字形式，部分内容就较为抽象，难以理解。如讲解语音发音要点时，送气音与不送气音，不能只用语言和文字描述，还应通过视频、图片展示送气与不送气的区别；教师还可以用行为示范和叫学生模仿、实操的方式区别两种发音方式。从心理学角度看，这种使用了文字、图片、视频、行动的多模态教学能调动学生的视觉、听觉、触觉，帮助学生理解和掌握知识点，增强学习效果。

2.满足学生多样化的学习需求

文华学院的个性化培养模式历来为社会所称道，因为该学校注意到学生个体的差异性，提倡因材施教。在现代汉语学习上，学生同样有学习目标、学习习惯、学习能力的差异，多模态教学可以根据学生的需求提供菜单式学习方式。比如，对方言感兴趣的同学和对汉字文化感兴趣的同学，都可以通过学习平台上的教学资源库自学并完成相应的学习任务，使教学体现出个体性，而随后的评价与考核也可以有所依凭。

3. 加强现代汉语与多种相关学科的关联

将丰富多样的非遗文化、语文教学案例、新媒体写作运营案例、品牌建设案例的视频资料按照现代汉语的知识点归类，放在学习平台资料库中，学生就可以围绕现代汉语课程拓宽视野、了解理论结合实践的过程与结果。教师更可以布置一些模仿性实操任务，如调查家乡方言戏曲文化、方言特色词汇等，以此增强对方言知识和非遗文化的学习。

4. 丰富现代汉语课堂形式

多模态教学建立在信息技术手段基础上，相较于传统的教材、PPT 的学习，显然从内容到形式都更为丰富生动，学生的学习兴趣更容易被激发。从认知角度来看，多种模态的输入和输出，比单一的文字输入、理解与记忆的效果更好。

五、构建现代汉语教学多元评价体系

为了更好地提升现代汉语基础课程的教学效果，针对当前现代汉语教学评价中存在的问题，以课程教学改革为着力点，我们应尝试构建现代汉语教学多元评价体系，力图使教学评价在教学中最大限度发挥其应有的作用，从整体上提高现代汉语课程的教学质量。

（一）构建背景

传统的现代汉语教学课堂教学模式单一，缺乏启发性和实践性。教师在讲台上讲，学生在座位上记，一个灌，一个装。教师将现代汉语定位于基础课程，满足于知识的介绍，对讲述教材上的内容不厌其烦，很少开展课堂讨论，更缺乏双边活动，过于重视"教"的环节，不重视启发学生去思考和发现问题，较少关注语言实际和研究实践，不是积极引导学生去观察和分析现代汉语共同语和方言的种种事实，帮助学生提高语言"运用"和"研究"能力，而是让学生处于被动接受状态，缺乏作为语言课必不可少的实践环节，学的都是一些死板的知识，并未转化为实际能力，这样在很大程度上限制了学生的创造性，极易让学生形成僵化的思维方式。笔者通过问卷、访谈等形式，调查了解学生对现代汉语课程的认识，51.08% 的学生认为用处不大；25.83% 的学生认为，汉语作为母语，自己不用学习也可以运用得熟练自如；11.34% 的学生认为，现代汉语知识较为抽象、枯燥，甚至难以理解，难以掌握。这些认识，无疑成为现代汉语教学中的"瓶颈"，是进行课程教学改革无法回避的重要方面。

20世纪80年代以来，学者围绕现代汉语课的教学内容和教学方法提出了很多很好的意见和建议并逐步达成共识。建构主义教学的思想逐渐明确，如何在教学中具体实现是目前的难点。

如何提高现代汉语教学质量的研究取得了诸多成就，但现代汉语教学现状不容乐观，基于学生创新思维能力培养的现代汉语教学改革研究有待进一步深入，具体表现在以下三方面：

首先，对现代汉语教学改革方面的理论探讨不够深入。大多数学者的研究成果只是对现代汉语教学的课程定位、教学目标、教学内容、教学模式进行方向上的分析与概述，最后的理论成果只是在实践中难以具体实施的定性化阐述。很少有学者明确地提到将现代汉语教学评价指标进行量化、细化。

其次，现代汉语教学多元评价的科学性重视程度不够。多数研究成果为工作经验总结和拓展，少有将多元评价上升至专门的高度进行研究的。我们可以将多元评价与统计学理论、层次分析法（Analytic Hierarchy Process，AHP）和模糊评价法相结合，用科学的方法来研究多元评价体系。

最后，现代汉语教学的多元评价研究尚没有形成系统的框架体系。多数的研究成果都只是从教学实际的一个方面或者几个方面分析问题，没有科学地、系统地分析整个教学过程中的多元评价策略，难以在实际工作中实现具体的量化，可操作程度偏低。

（二）内涵和理论依据

基于创新思维能力培养的现代汉语教学多元评价体系的构建，是以多元智能理论、人的全面发展理论、建构主义理论、教育性评价理论为理论支撑的，理论核心是对人的行为与成果进行科学评价。

由哈佛大学心理学家加德纳提出的多元智能理论认为，人的智能组合是多元的，每个人只在某种组合上有优势，并在某种智能组合上获得较佳的成绩。因此，对人的评价只能以他最优智能组合获得的成果来评定其产生的价值或效益，否则评价就不科学公正。该理论提倡评价要尊重人的个体差异，反对用统一的评价标准衡量所有的人。这正是多元评价体系的理论基础。"人的全面发展"是马克思主义基本原理之一，也是我国教育方针的理论基石。人的全面发展理论认为，人的全面发展是动态的、阶段性的、全方位的，时间与空间不同，人的发展状况与质量也不一样。因此，评价一个人，必须在特定的时空中，看其行为产生的结果，这样评价的优劣才有可信性。同样是世界冠军，有的是在悉尼获得的，有的是在北京获得的，两者的状况与质量是有差异的，时空也是有区别的，所以一定要强调评价的恰当性与准确度，这样评价才有实际意义。

建构主义也译作"结构主义"，是认知心理学派中的一个分支。建构主义认为，人的知识与技能的获得是在与周围环境相互作用中通过积淀得到发展的，情境、协作、会话与意义构建是人获得知识与技能的"四大要素"。由于每个人在知识建构的过程中获得的"四大要素"的数量与质量不同，即使在同一学习条件下也会产生差异，所以评价一个人一定要看他参与活动的程度及参与活动的态度，这样评价学习者的思维成果，即智慧，以及思维成果引领下的行为成果，才会真实有效。美国非营利性教育组织 CLASS 的主席和项目主任威金斯提出的教育性评价理论认为，评价必须是公开的、透明的，使用清晰、稳定、有效的评分等级，并能测量出进步或努力的程度。评价是构建一种纵向性或往复性的评价体系，用同样的任务、准则和标准进行比较与对照，从而获得激励的效果，确保真实性的表现更出色。鉴于此，教育的评价方法一定要是多元的、发展的、全面的，有利于知与行的统一、做人与做事的统一，有利于学生智力的调整，在知识与技能最佳结合点上，得到真实的量规评价。为真正促进学生的发展，过程性和多元化教学评价应逐渐取代传统单一的终结性评价。

构建现代汉语教学多元评价体系，即以现代汉语教学为研究对象，分析教学全过程的特点，根据评价主体、评价形式、评价内容及评价标准的多元化，针对现代汉语的理解、分析、运用能力三个子项，结合学生的实际，应用数理统计理论和模糊评价法，确定各子项的量化评价指标、评价顺序、评价方法与评价权重，建立现代汉语教学多元评价体系，制定现代汉语教学多元评价操作流程，其实质是全面真实地评价学生，以提供改进教学的信息，促进学生的全面发展。

（三）构建的意义和难点

1. 构建意义

构建现代汉语多元评价体系，能改革现代汉语教学评价的方式方法。长期以来，现代汉语的考试评估存在着单一化的倾向，大部分学生感觉到学了现代汉语之后，语言能力并没有得到很明显的提高，只是为了应付考试而死记硬背一些规则原理，没有什么实际收获。为进一步深化现代汉语教学改革，全面提高教学质量，培养学生的学习兴趣，改变传统的评价方式，我们应积极采用多元考核方式，这样有利于学生端正学习态度，激发学习热情，提高学生的汉语水平和综合素质。

构建现代汉语多元评价体系，能有针对性地培养学生的创新思维能力。积极开展考试改革，丰富考试形式，建立一套科学合理的、鼓励创新的、富有活力的考试制度，将课程考核贯穿到课程教学的全过程，在原有课程考核学生对基础知识、基本理论和基本技能掌握情况的基础上，重视学生实践能力、创新意识和学习能力的培养，促进学生个性发展，充分调动学生学习的积极性和主动性，培养学生的创新思维能力。

2.构建难点

首先是可供借鉴的相关理论基础研究成果不足。多数学者的研究成果只是进行方向上的分析与概述，少有学者提到将多元评价指标进行细化和量化的。其次是缺少相关实验数据支撑。我们要采集反映知识运用、问题解决能力等状况的数据，这些数据必须反映较广范围的认知过程和能力，而不是集中于言语信息和规则的操练记忆；对学生、任务、产品必须从多维度进行分析，综合衡量学生的学习状况；多元数据的表征必须形象直观，便于学生自我了解和学生间的交流，从而激励学生的学习活动，促进学生对学习负责和利用评估数据作为任务开展的参照。这种主动的建构是通过将知识运用到实际问题中体现出来的。因此，在构建多元评价体系时，获取的数据必须和学生运用已有知识解决问题的能力和创造性直接相关，从操作层面讲，难度非常大。

（四）探索与实践

1.构建原则

（1）评价目标多元化

现代汉语教学评价除了测试学生对现代汉语基础理论和基本知识的掌握程度，还应把培养学生的语言基本技能作为教学评价的核心目标，主要包括：理解、分析和运用现代汉语的能力，包括听力理解能力、阅读理解能力、口语表达能力、写作能力及口语交际能力等。同时，还要确定阶段性的评价目标，除了测试学生能力以外，还可以促进学生养成良好的学习习惯、工作习惯，对学生的学习进展给予及时的反馈，对学生的认知过程和情感过程给予评价，充分体现多元化的评价目标对培养学生创新思维能力的重要作用。

（2）评价内容多元化

现代汉语课程的评价内容应体现多元性，涵盖知识与技能，过程与方法，情感、态度与价值观三个领域的内涵。不仅包括汉语言文学、文秘、编辑出版等职业所需求的专业语言知识、语言表达能力及社会实践能力等方面的修养，也包括在知识学习和技能形成过程中与之相伴随的情感、态度、价值观的形成程度。

（3）评价主体多元化

传统的课程评价主体为单一的教师，学生是完全被动的评价对象，评价主体和对象之间长期存在着极深的隐性矛盾。根据现代汉语课程的现状，我们认为，较为可行的评价主体有以下四个层次：

①学生自评

学生是学习的主人，通过自我评价，激发其内驱力，鼓励他们勤于思考，学会反思，了解自己的成绩和不足，了解自己的进步状态，增强自我教育、自我管理的责任感，逐步成长为一个自主和自立的学习者，为终身学习打下基础，使评价过程成为被评价者自我认识、自我设计、自我改造、自我完善的教育过程。

②教师评价

教师应允许学生根据自己的智能强项选择适合自己的评价方式，给学生提供展示才能的机会，充分了解学生的个体差异和潜能所在，善于发现学生的闪光点和智能强项，充分发挥评价的激励作用。同时，教师也要根据对学生的评价了解和改进自己的教学。

③学生互评

学生互评可使学生学会沟通和合作，提高人际交往能力。互评中，学生可以学会尊重他人，理解并欣赏他人，既能从自身的纵向发展变化中建立自信，又能从横向比较中，找到自己的不足，学习他人的长处，学会信任、诚实、公正对己和对人，从而真正收到评价的效果。

④社会评价

各种测试机构、职业资格证书认证机构、学生实习所在的各企事业单位及各类语言技能大赛中的专家评委，均可作为评价主体，对具有不同特长的学生的语言社会实践能力做出评价，让学生既能在实际的语言运用中得到锻炼，又能让学生增强全面发展自我能力的意识。

在多元化的现代汉语教学评价体系中，评价主体变成了一支由任课教师、同行教师、学生本人、学生团队、社会专家、社会团体、汉语水平测试机构、职业资格证书认证机构等联合组成的评价队伍。评价主体的多元化，可以从多方面、多角度出发对教学活动进行更全面、更科学、更客观的评价。同时，学生不再只是被动的评价对象，而是处于一种主动的积极参与状态，有利于教师和学生发挥各自的主观能动性，不断地对教学和学习活动进行反思和诊断，从而提高教师的教学效率，提高学生的语言应用能力、创新能力。

（4）评价方式多元化

多元化现代汉语评价体系针对不同的项目性质采用不同的评价方法，即采用"分项考试，分项评定，综合评价"的方法。根据考试内容的不同可以采用闭卷形式，也可以采用开卷形式，还可采取演讲、比赛、答辩等活泼有趣的考核形式。无论采取何种考核方式，都要尽量做到形成性检测与终结性检测相结合、过程评价和结果评价相结合、笔试与口试相结合、课内与课外相结合。

2. 各要素之间的关系

构建现代汉语多元评价体系，其出发点是建立科学准确的多元评价指标体系，其归宿是保障现代汉语教学质量的提升，培养大学生的创新思维能力，真正实现现代汉语教学的目标。而收集可信度高、有数理统计意义的有效数据，是实现现代汉语多元评价体系成功构建的基础。如图 3-2-1 所示，是现代汉语多元评价体系要素关系图。

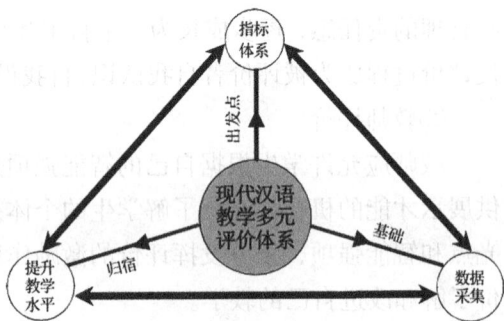

图 3-2-1　现代汉语多元评价体系要素关系图

3. 构建步骤

从大学生创新思维能力培养入手，对现代汉语教学体系进行划分，包括现代汉语理论知识、语言综合能力、社会实践能力三个子项，下设十七个分子项，针对学生学习兴趣和汉语能力不能同步提升的矛盾现实，研究现代汉语教学综合评价指标、方法、体系与大学生创新思维能力培养之间的相互作用机制，建立以教学质量提升为核心的层次分析法定量评价模型，构建现代汉语教学多元评价体系，如图 3-2-2 所示。

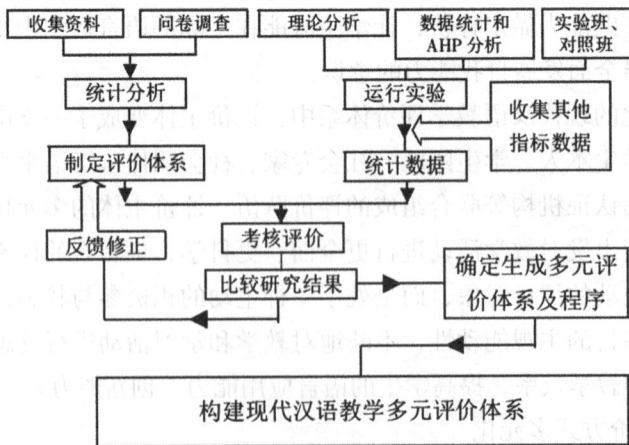

图 3-2-2　现代汉语教学多元评价体系构建步骤

4.构建实践

借鉴多元智能理论，依据教学大纲要求，设计调查问卷，与同行、学生以及学校教管部门进行多方调查和交流，综合运用层次分析法中的德尔菲法、专家咨询法、访谈法等方法，并且运用模糊评价法和数理统计原理，最后确定评价项目及各项目下的评价内容与评价形式，并在实际操作中依据实际情况不断进行调整。我们设计的现代汉语教学多元评价体系，包括现代汉语理论知识学习、语言综合能力、社会实践能力三大主项目，分别占总评价的40%、40%、20%，如图3-2-3所示。

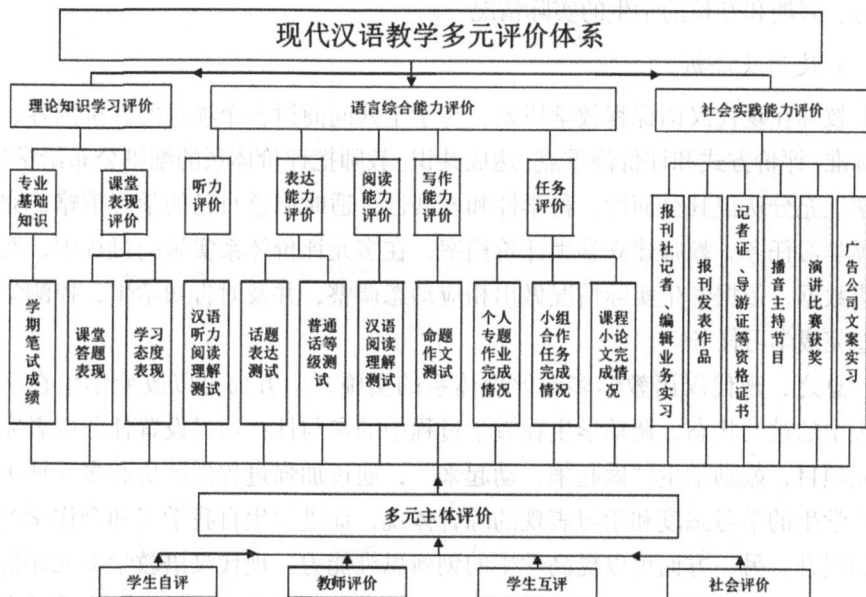

图 3-2-3 现代汉语教学多元评价体系

理论知识学习评价的评价重点是现代汉语理论知识的学习情况，下分专业基础知识及课堂表现评价两个子项：专业基础知识占总评价的30%，以学期笔试成绩（期中与期末考试各占15%）为准；课堂表现评价占总评价的10%，分课堂答题表现与学习态度表现两项，各占总评价的5%。

语言综合能力评价的评价重点是现代汉语听力能力、口头表达能力、阅读能力、写作能力及学习任务评价情况。听力评价以汉语听力阅读理解测试成绩为主，占总评价的8%，表达能力评价分为话题表达测试及普通话等级测试两个子项，各占总评价的4%，小计8%。阅读能力评价以汉语阅读理解测试成绩为主，占总评价的8%。写作能力评价以命题作文测试成绩为主，占总评价的8%。学习任务评价分为个人专题作业完成情况、小组合作任务完成情况及课程小论文完成情况评价三个子项，总体占总评价的 8%。

社会实践能力评价的评价重点是学生的汉语言应用能力即汉语社会实践能力，占总评价的20%，分为报刊社记者编辑实习、报刊发表作品、播音主持节目、演讲比赛获奖、广告公司文案实习、各类职业资格证书（如编辑或记者资格证、教师资格证、导游资格证、秘书资格证等）等六个子项。建立学生档案袋，由学生提供相关能力证明材料，教师审核并最终做出评价。该评价体系在实际操作中，需要根据评价主项目及各子项目的内容特点，制定相应的评价标准，量化各项指标。尽量做到客观、公正、合理，能适应学生的个性发展，满足不同能力、兴趣和专长的学生的实际情况。

5. 使用及评析

教师在现代汉语课程教学伊始，与学生共同商讨各个项目的评价内容、评价标准、评价方式和评价侧重点，达成共识。教师把评价体系的细则公布给学生，让学生充分认识其全面性、科学性和发展性，适时调整自己的学习策略，完成各项学习任务。教师建立学生评价档案，在多元评价体系实施的过程中，及时收集数据，依据学生实际情况做出相应动态调整，并及时告知学生，提醒学生注意完成学习任务。

总之，现代汉语教学多元评价体系的实施，一方面可以改变学生在学习过程中的被动状态，调动学生在教学过程中的参与性：通过设置任务或者完成单元项目，鼓励学生"做起来，动起来"；通过加强过程性评价和多元评价，注重学生的学习态度和学习表现的综合体现，促进学生自我学习和合作学习能力的提升。另一方面可以提高学生的创新思维能力。现代汉语教学多元评价体系的构建，能实现教学方式的根本改变，提高教与学的整体效率，实现教学与评价的完全一体化，实现教学目标的多样性，培养出更多有创新精神的实用型人才。

第四章　问题教学法在现代汉语教学中的应用

本章内容为问题教学法在现代汉语教学中的应用，主要从三个方面进行了介绍，分别为问题教学法概述、现代汉语教学中应用问题教学法的途径、问题教学法对现代汉语教学的影响。

第一节　问题教学法概述

一、问题教学法的概念

（一）问题

《教育大词典》中将问题定义为"难题"。狭义的问题指人不能用已有的或者已经存在的知识、方法、概念和原则达到既定目标的刺激情境。广义的问题指所有机体不能利用现成反应予以应答的刺激情境。美国宾夕法尼亚州立大学教授乔纳森认为"问题是指在一定情境中某种未知的实体"，美国著名的心理学家加涅等认为问题来自尚未达到的目标。也有人认为问题是需要研究和解决的矛盾，问题是要求解答的题目或疑惑。但是，大部分人比较认可美国卡内基梅隆大学的教授纽厄尔和西蒙对问题的定义即"问题是这样一种情境，个体想做某件事，但是不能马上知道这件事所需采取的一系列行动，就构成问题"。

依据不同的标准，问题可以划分成多种类别。根据问题设计的目的，可以将问题划分为"以复习为目的的问题，以引发兴趣为目的的问题，以培养学生自学能力为目的的问题，以发展学生思维能力为目的的问题"。根据问题的形式，又可以将问题划分为封闭性的问题、半开放性的问题，以及开放性的问题。根据知识指向的不同领域，祝智庭教授对问题进行了"五何"分类：是何，即 what/who/when/where 等事实性问题；为何，即以 why 引导的表示目的、理由等逻辑推理的问题；如何，即以 how 引导的依托情境的问题。

在教学中的"问题"更多地表现为祝智庭教授的"五何"的形式，同时也可以表现为学生在学习的过程中所面临的疑惑、不解和挑战等。它既可以是教师或学生在课堂上提出或设计的问题，也可以是练习题中的习题；既可以是学生课堂讨论的话题，也可以是开放性的探究课题。问题是问题教学的核心，是激发学生思维的刺激物，是帮助学生理解的"工具"，更是实现教学目标的"桥梁"要想充分发挥问题教学法的价值和作用，必须恰当合理地设计和选择问题。

（二）教学

苏联的教育家凯洛夫对"教学"的定义是"教学过程一方面包括教师的活动（教），同时也包括学生的活动（学）。教和学是同一过程的两个方面，彼此不可分割地联系着"。叶澜将教学理解为"师生之间、生生之间的多项互动、动态生成这一基本方式，教师引导学生实现个人的经验世界与社会共有的精神文化世界的沟通和富有创造性的转换，逐渐完成个人精神世界对社会共有的精神文化财富具有个性化和创生性占有的过程"。可见教学的基本概念就是，教师的教与学生的学的统一互动活动。因此教学不应该只是教师的活动，它还包含学生的学习活动和师生之间的交往互动。教学是一个动态的过程，在这个过程中，教师与学生相互交流彼此的知识、思考，分享彼此的情感、价值观。

（三）问题教学法

问题教学的形式在国内外存在已久，"问题教学法"这一概念是由苏联教学论专家米·依·马赫穆托夫正式提出的，在他的两部著作《问题教学的理论和实践》《问题教学的基本理论问题》中，对"问题教学"的理论和实践做了详细的阐述。他指出"问题教学是发展性教学的高级类型，在这种教学结构中，占主导地位的是对话设计和认识性作业，这些对话设计和认识性作业需要由教师系统地创建一些问题情境，并组织学生为解决教学问题而进行活动，同时也将学生的独立探索活动与掌握正确的科学结论最优地结合起来"。他的这种问题教学方法，在他的前期著述中便已涉及，"从内部结构的观点来看，可以认为问题性的课是这样的：在这种课上，教师有意地创设问题情境，组织学生进行探索活动，让学生提出学习问题并解决这些问题（这种做法的问题性水平较高），或由教师自己提出这些问题并解决它们，与此同时向学生说明在该探索情境下的思维逻辑（这种做法的问题性水平较低）"。这种问题教学概念是由马赫穆托夫根据自己的实践经验逐步总结归纳出来的，并不断推广至现实中，并在实践中不断地检验运用。

现代意义上的问题教学法正是在此基础上形成的。但是其本质与马赫穆托夫的问题教学理论是相吻合的，都是学生由教师引入解决问题的情境寻求有根据地解决对他们来说是新问题的办法的过程，由此他们就学会独立地获取知识、运用原先学过的东西和掌握从事创造性活动的经验。现代意义上的问题教学法是以问题为中心的教学方法，即教师通过问题情境的创设，将教材的知识点以问题的形式呈现给学生，让学生自主性、创造性地思考问题、解决问题，由此提出新问题，让学生不断地在寻求与探究中认知和解决这些新生成的问题。这种教育教学实际上是一种技能性或能力性的教学方式，它为学生提供了一个学习平台，让学生在这个平台上交流、合作、探索、发展，最终在积极思考、努力学习、自主创造中实现能力的提升。

现代意义上的问题教学法其实包含两层含义：一是教师根据教材要求自己通过情境的创设提出问题要求学生解决它们，使学生达到学习认知知识的目的，在此过程中教师要向学生说明在该探索情境下的思维逻辑，让学生知其然并究其所以然，从知识的内在来把握知识，在理解的基础上更好地掌握知识。二是在教师有意地创设的问题情境下，组织学生的探索活动，让学生在这种探究中发现新问题、学习新问题并自主地解决这些问题，在这种问题的创设与解决中形成学生自己的学习能力。总而言之，问题教学法不像其他的教学法那样把问题的解决作为一个学习问题的结束，它认为问题的解决仅仅是一个学习内容的完成，此后问题教学法会在总结与反思的基础上形成新的探究性问题，使学习转入一个新的阶段，最终形成一种循环往复不断提升的学习方式。所以我们认为现代意义上的问题教学法极具创新意义，它是教育理论与教学实践上的双创新。

二、问题教学法的起源与发展

（一）国外

在问题意识极受重视的外国，"问题教学法"有着长远而悠久的历史，关于它的资料也是极为丰富的。可以说从遥远的古希腊时代至当今发达的科技时代，国外对"问题教学法"的探索与研究从未停止过。

1. "产婆术"

"产婆术"又名"苏格拉底方法"，是古希腊著名哲学家苏格拉底所倡导的一种教育教学方法（即问答法）。这种方法包括讽刺（不断提出问题使对方陷入矛盾之中，并迫使其承认自己的无知）、助产（启发、引导学生，使学生通过自己的思考，得出结论）、归纳和定义（使学生逐步掌握明确的定义和概念）等步骤。由于苏格拉底把教师比喻为"知识的产婆"，因此，"苏格拉底方法"同时也被人们称为"产婆术"。它是西方最早的一种启发式教育，通过对话式辩论，以学生为主体，来调动学生的主动性与积极性，促使学生独立思考，强化学生的思维能力。也正是由于这种谈话式的教育方法最终要归纳定义，进而求得结论。因而，古希腊著名思想家亚里士多德将苏格拉底称为"归纳法之父"。

2. 问题教学思想

"问题不在于教他各种学问，而在于培养他有爱好学问的兴趣，而且这种兴趣充分增长起来的时候，教他以研究学问的方法。"毫无疑问，这是所有一切良好的教育的一个基本原则。18 世纪，法国思想家卢梭认为问题教学应注意四点：可以是教师向学生提问，也可以学生向教师提问；不能由教师告诉学生应该学习什么，而要由学生自己希望学习什么和研究什么；教师应该经过慎重的选择再向学生提问，不应当提问太多；教师如果不能对学生提出的问题给一个良好的解释，那么就一句话也不要回答，以免误导。他重视动机、兴趣和需要在学习中的作用，认为该让孩童自我学习、自我发现，鼓励一种启发式的发现教学。

3. "五步教学法"与"发现教学法"

19 世纪美国实用主义教育家杜威认为在教学方法上要"从做中学"，认为儿童不从活动而由听课和读书中所获得的知识是虚渺的。他主张通过解决问题进行学习，认为应调动学生自主地探究学习，来发展学生的思维与创造能力。而对于知行方面，他反对"知行分离"现象，认为应"知行合一"，提出了知识与行为相结合及个体在获取知识上的主动性问题，为正确认识知识传授与儿童活动的关系，鼓励儿童主动地探究，通过探究活动获取知识和经验，提供了指导思想。杜威可以说是传统教育的改造者，人们称之为"新教育的拓荒者"。而杜威的"五步教学法"正是这些思想的体现：

第一步，教师给学生创设一个课题，情境必须与实际经验相联系，使学生产生要了解它的兴趣。

第二步，给学生足够的资料，使学生进一步观察、分析、研究该课题的性质和问题所在。

第三步，学生自己提出解决问题的设想，或提出一些尝试性的不同的解决方案。

第四步，学生自己根据设想，进行推理，以求得解决问题的方案。

第五步，进行实验验证，学生要根据明确的假设方案亲自动手去做，以检查全过程所达到的结果是否符合预期的目的。

在做的过程中，学生会发现这些设想、假设的真实性和有效性。

20 世纪 50 年代美国心理学家、教育学家布鲁纳沿袭并发展了杜威等人的教育理论，积极倡导"发现教学法"。他认为在教学的过程中，教师创设一定情境，使学生在这个情境中产生矛盾；教师提出问题，并提供一定的材料，引导学生自己去分析研究，提出假设，学生从理论上或实践上检验假设，如有不同看法，可以展开讨论；对问题作出结论，获得理论知识。这种教育教学方法的主旨是教会学生如何去学习，即教给学生解决问题的策略，帮助他们知道如何着手学习，启发学生积极思维，掌握学科知识，在此基础上成为独立的思想家。

4. "问题教学"

国外不少教育家的教育著作乃至教学实践都有对问题教学的思考与经验，但是明确提出问题教学法的却是苏联的大教育家马赫穆托夫。他所认为的问题教学法是师生合作共同来解决一个实际问题，以达到启发学生思维和培养学生解决问题能力的一种教学方法。

20 世纪 60 年代以来，马赫穆托夫对《问题教学》课题的研究，不仅促进了问题教学法的发展，还使其成为苏联发展性教学理论的重要组成部分，具有相对完整的方法论体系和鲜明的时代的特色。而在问题教学的本质方面，苏联教育家列尔耐尔曾经指出，问题教学的本质在于，学生由教师引入解决问题的情境寻求有根据地解决对他们来说是新问题的办法的过程，从而学会独立地获取知识、运用原先学过的知识和掌握从事创造性活动的经验。苏联学者马秋斯金等人依据思维心理学的研究成果，对问题教学法的本质进行了深刻的论证，为问题教学法奠定了新的理论基础。他们认为问题教学法的主旨在于为学生创造适当的问题环境。

5. 世界范围内的研究性学习的开展

20 世纪 80 年代以来，世界各国课程改革的突出特点是以探究学习为基础重构基础教育课程，在人本主义探究教学理论的关照下，探究式教学从培养精英教育推广到"不一定人人都成为科学家，但一定要人人具有探究素质"的大众教育。

（二）国内

"问题教学法"的思想与实践不是西方世界所独有的，国内关于"问题教学法"的思想与实践同样源远流长。从两千年前的大教育家、大思想家孔子到现代著名的教育家叶圣陶，都有对"问题教学法"的思考与研究，乃至在他们的实践教学中无不体现着"问题教学"的思想与精神。

1. 春秋战国时期

在查询资料的时候，我们不难发现一些关于问题教学的讨论与记载。这种教学法最早可以追溯到 2000 多年前孔子时代，这个大教育家就曾高度评价问题的价值与意义。所谓"不愤不启，不悱不发，举一隅不以三隅反，则不复也""疑是思之始，学之端""学而不思则罔，思而不学则殆"无不体现对问题的思考与重视。孔子的启发式教学也正是通过师生间的问与答来实现的，而《论语》正是以语录体和对话文体为主，记录了孔子及其弟子的言行，可见孔子对问题式教学的重视。

孟子强调在教学中要发挥学生的主动精神，依靠学生自求自得。他说："君子深造之以道，欲其自得之也。自得之，则居之安；居之安，则资之深；资之深，则取之左右逢其原，故君子欲其自得之也"。

2. 宋明时期

宋代理学大师对问题教学思想是如此科学而又辩证地阐述的："读书无疑者，须教有疑；有疑者，却要无疑，到这里方是长进"。"为学患无疑，疑则有进，小疑则小进，大疑则大进"，此为宋代陆九渊对问题教学的精辟理解，说的是读书做学问最怕的是发现不了问题，只有带着问题做学问才能进步。明代的教育家王阳明极为推崇孟子的"自求自得"的思想，认为学生该"各得其心"，学贵在独立思考，提倡用怀疑的眼光看问题，做到不唯上，不唯书，只唯实，强调的是学生的主动性情感的体验。

3. 近现代时期

问题教学在我国有悠久的发展历史，尤其是五四运动后，广大教育工作者反对将记忆和模仿作为教学的唯一方法，大力倡导问题教学法。现代著名的教育家陶行知，更是如是用诗来描述"发明千千万，起点是一问，禽兽不如人，过在不会问。智者问得巧，愚者问得笨。人力胜天工，只在每事问"，无不体现问题的重要性与必要性。叶圣陶先生则说的是"教师之教，不在于全盘授予，而在于相机诱导"，认为教师是起主导作用的，要正确地适时地引导学生，使学生获得自我成长与发展。

三、问题教学法的理论依据和理论基础

（一）理论依据

1. 建构主义学习理论

建构主义的知识观强调学生是具有独立意义的个体，知识是个体主动建构起来的，每个人都有自己不同的理解。同时，知识是动态的，不是一成不变的，它是随着人类的进步不断发展和演化的。建构主义的学生观强调学生的已有的知识经验的价值和作用。学生在平时的学习、工作和生活中积累了丰富的知识和经验，而这恰巧可以作为学生理解和学习新的知识和内容的基础和土壤。为此，建构主义指出，教师要重视学生的学习经验，借助一定的策略和方法启发学生在原有经验的基础上建构新的认知结构，引导他们对知识进行分析和理解。在这里教师的角色不再是教学活动的主角，而是学生的辅助者、合作者；而学生也变成了主动的信息搜集者。问题教学以建构主义的思想为指导，践行建构主义的学生观、学习观和教学观。问题教学不是把书上的知识硬性灌输给学生，而是通过创设有意义的问题情境，让学生利用已有的知识主动地去思考和构思。在问题解决的过程中，学生可以建构自己的认识，发展自己的知识，创新自己的观点。学习的主体是学生，解决问题的主体也是学生，教师应尊重学生自己对问题的理解和看法，并有效地引导学生进行学习。

2. 多元智能理论

美国著名教学心理学家加德纳的多元智能理论认为人的智力结构中存在着七种智力，而这些智力是为了解决人类所遭遇的问题而存在的。而智能的开发依靠什么？问题情境。智能的开发依赖问题情境，智能的确定更要依靠个人所面临的问题情境。因为要想了解一个人的智力水平，必须让其处于一定的问题情境，看其能否找到解决问题达到目标的途径。可以说智力的运用与问题解决有关。此外，多元智能的教学观强调"为理解而教"，培养学生具有真正的理解和学以致用的能力。而问题教学与多元智能在教学观上的取向基本是一致的。问题教学强调学生能够在自己的经验基础上建构，然后加以运用和表现，在解决问题的过程中鼓励学生结合自己的智能优势，选择恰当的方法和手段去解决问题。可以说问题教学在以多元智能理论为基础的同时也为学生提供了学以致用的平台，同时也促进了学生智能的发展。

3. 人本主义理论

以美国心理学家罗杰斯为代表的人本主义提出要使学生成为"学会学习的

人"。首先，他们主张以学生为中心，尊重学生的情感和态度，突出学生的主体地位，促进学生的"自我实现"。其次，他们反对"以智力开发为主的颈部以上的教育"，提出教学更重要的是让学生获得学会学习的能力。所以，他们反对填鸭式的教学方式，强调学习者积极参与和体验的意义学习。而要实现意义学习，教师在教学的过程中就要关注学生的兴趣和需要，对学生进行关注和理解的同时，也要激发学生的学习兴趣，刺激学生参与学习，引导学生自发学习，做学生学习的"助产士"。在问题教学法中，借助问题能够很好地激发学生的学习兴趣，促使学生参与学习。此外，问题教学给予学生充足的空间让学生去思考：哪里有疑惑或者问题？怎样提出或者描述问题？如何解决提出的问题？在问题教学的环境中，这些决定权都在学生，他们可以根据自身的情况，选择合适的内容和方法。教师此时只是作为学生学习的辅导者，给学生提供一个环境或者必要的引导。在问题教学法的环境中更加有利于学生的发展和能力的提升。

（二）理论基础

1. 认识论基础

问题教学理论的提出者马赫穆托夫不仅提出了问题教学的理论，还论述了问题教学的理论基础。他认定马克思列宁主义的认识论及其反映论（即辩证唯物主义的反映论）是问题教学的认识论基础。问题教学中的反映论与传统教学法中的反映论是有本质上的区别的。传统教学法虽为反映论解释的教育教学过程，但它只强调了反映论的感性层面，而忽视了反映论的理性层面。在这种教学情况下，用反映论来解释教学过程就会导致对"生动直观"的片面性强调。其结果是对直观性、具体性、形象思维的作用估价过高，而对逻辑思维、抽象思维的作用估价过低；传统教学论首先强调的是，记忆要求掌握的基础知识、技能、技巧，而忽视创造性的思维。而问题教学法中的反映论应用是全面的、联系的、发展的。它既从感性层面又从理性层面来解释教育教学过程。马赫穆托夫认为科学认知可以从感性认识层面开始，亦可以通过概念、范畴、判断等理性层面方式来获得对客观实在的理性反映，而矛盾便是这种能动性、创造性反映的基础。

2. 心理学基础

问题教学法的心理学依据相较于传统教学法的心理学依据是不同的，传统教学法以"联想"的理论为心理学基础，而问题教学法则依据于"问题性思维"理论，也叫作"创造性思维"理论。马赫穆托夫认为，人是在一种情境冲突中产生解决某个问题的需要的，而这种情境就是人所处的活动条件与要求间的冲突情境，它是一种在现有条件下、现有的经验范围内没有或者不存在解决问题的办法的情境。人要摆脱这种处境，就必须突破现有条件，形成创造性的活动。人在这种"问题情境"下形成的心理过程就叫作"创造性思维"，亦即"问题性思维"。在这种问题性思维中，人们通过两种方法：逻辑论证法和直觉法来进行问题性活动。以提出并解决问题的方式来获取新知识的这种问题性思维过程分为以下阶段：产生问题情境，分析情境并提出问题；试着用已知方法解决问题（此乃"封闭式"解决问题的阶段）；寻找新的行动原则和解决方法（此系"开放性"解决问题的阶段）；实施寻得的原则和方法，检验解法。

3. 教育学基础

从学生这个学习主体的角度来看：问题教学法是一种主动性、能动性、独立性的学习方式。学生的主动性是问题教学法所必需的，它是与学习的被动性相对应的，是学习的内因和外因的一种表现，即我要学和要我学的区别。我们更注重学生学习的内在需要：一方面是兴趣，另一方面是责任。兴趣是学生学习的最好的导师，学生有了学习兴趣，教学在学生那里就由以往的枯燥、抽象的知识学习转为发现、探究的享受式体验。在此过程中，学生会逐渐由"学答"转向"学问"，提出自己的问题，此时学习的责任才真正地从教师那里转移到学生这里，使学生成为真正的自主学习者，并担负起学习的责任。从创造性思维培养角度来看，问题教学是创造性教学的开始。问题意识是人所固有的，是一种本能意识，而创造性作为问题意识带来的一种突破，是人的精神状态，亦为人的本能。传统教学模式较为注重知识的教育教学，在这种教育教学过程中问题意识产生较为困难，即使学生产生了问题也会在这种教学中被排斥甚至扼杀，抑制学生对学习内容的深层次的挖掘与理解。所以我们认为问题意识是一个人的灵魂，对于问题意识的培养就是对人创造能力的培养。现代建构主义教育理论认为：知识的学习不是通过教师传授的，是学习者的一种自主建构。学生（学习者）在一定情境下借助于有效教学资源的帮助，通过意义建构的方法来获得知识。建构主义学习理论的教学设计原理强调的是，学生带着问题在真实情境中探索解决问题的方法。通过这种对未知的探究探索来驱动学习者学习，最终促成学习者的意义建构，获得真知。

4. 系统科学基础

对于问题教学过程，问题教学研究的集大成者马赫穆托夫是从系统论、控制论、信息论角度来描绘的。他认为问题教学过程有两个司控主体，一个是教师，另一个是可控制自己活动的学生。而作为教师，则有两个受控主体，学生及学生的活动。问题教学法的控制过程是由教学过程的逻辑心理内容决定的，若采用控制论的术语，则问题教学的算法式规程就拥有如下周期结构：指令—完成指令—反馈联系—新的外部指令或内部指令（或两者交错出现）。问题教学过程就是这样的一种通过教师提问或作业创设问题情境，学生自主应对解决问题，并通过后续的反馈联系，最终生成新的指令。在问题教学学习过程中，学生会受到两个指令——外部教师指令、内部自我驱使指令的驱使，如此就显现出了问题教学的自控性，这与自控系统理论有着密切的联系。教师通过提问、作业来完成教学，而学生则在提问、作业的影响制约下进行独立自主的学习。

四、问题教学法的特征

（一）以问题为中心

问题教学法中的问题并不仅仅是学习的辅助手段，更是问题教学的一条主线。问题教学法以问题的提出作为教学活动的开始。或借助问题激发学生的兴趣，或巩固知识，或导入新内容。而在教学的过程中教学内容转化为问题，借助问题来组织学生思考、讨论、合作、探究。运用问题教学法的课堂并不是以问题的解决而结束，而是在解决问题的基础上，总结、反思，引导学生提出问题进而引发出更多有意义的问题作为新一轮学习的开始。在这个螺旋式的提出问题、解决问题，又提出问题的过程中，学生的能力、思维、知识和视野都能够得到很好的锻炼、开阔和丰富。

（二）自主性

激发学生学习的自主性，是新课程标准对学生学习的要求。问题教学法在教育教学中的实施强调的不仅仅是这种教学法的实施步骤与过程，更加注重师生及生生之间的互动交流。问题教学中尤为注重学生的问题意识，它运用的不再是以往的死板的灌输式的教育教学方式，它注重的是学生在接受知识的同时对知识的建构。通过在实际中发现问题、分析问题、解决问题，不断地积累知识、提升能力。

（三）开放性

开放性是强调学生学习的开放性要求。我们认为开放式的学习方式更有助于捕获知识与把握生活，开放性的学习方式可以使学习的主体更好地接触社会、实践学习。问题教学法是基于探究式教学的一种教育教学方法，它对问题的设计及对问题的解决上，无不体现了开放性的特征。

（四）合作性

在新课程改革背景下，现在的教育教学更加注重合作性，当然，问题教学法对合作性也有其内在的要求。以"创设问题情境—提出问题—分析解决问题—知识强化巩固与问题拓展迁移"为实施步骤的问题教学，其中每一步的实施都涉及教师与学生，自然便增强了二者之间的联系，增强了其合作性。在问题教学这样的探究性与实践性较强的教学法里，其中不仅暗含着教师与学生之间的合作，更有学生与学生之间的交流合作。教师与学生之间的合作使得教师更好地了解学生、知悉学生的学习状况，进而更好地把握课堂，把握教学。而学生与学生之间的交流合作，更使学生彼此间优势互补、相互学习，最大地发挥教学合作的意义。可以说合作性对问题教学法的渗透，更好地促进了课堂的开展，更好地促进了教学的发展，更好地促进了学生能力的提升。

（五）过程性

新课改、新课程的教育教学更加注重学生的主体性发展，认为学生是学习的主体，学生的学习是一个发现、探究及解决问题的过程。教师通过情境创设，使学生置身于情境中，发现、认知问题，并对问题及内容产生浓厚的兴趣，在兴趣的驱使下对问题进行探究学习。这种在求知欲望激发下的学习，是伴随着自主性和兴趣性的，学生通过亲身体验与参与，充分地享受教师的教学与自我的学习过程。这样，学生的学习过程实际上既成了学生解决种种疑问、矛盾、困难和障碍的过程，也成了学生充分展现自己的才华、机智、独特魅力及创造性思维的过程，更是学生正确的世界观、人生观、价值观形成的过程。所以，我们认为问题教学法在教学中的运用，是学生的学习过程，是学生探求真知、获取真知的过程，是学生能力锻炼与提升的过程，故过程性是问题教学法的特点之一。

第二节　现代汉语教学中应用问题教学法的途径

一、教师问学生

关伟华指出："教学的首要任务并不在于直接给学生传授现成的知识，而在于引导学生发现各种各样的问题。"问题教学法中的师问生答式这种教学模式是由教师向学生提问，然后由学生回答问题的一种教学模式。在教学中，教师需事前将授课内容转化为问题，然后再在课堂上以问题的形式展示给学生，学生在问题的激励下，探索未知领域的知识，最终达到掌握知识、提高能力的目的。师问生答式这种模式对教师有如下要求：

（1）教师要整体把握授课内容

"现代汉语"课程知识体系较强，前后知识关联性较大。在运用问题教学法开展课堂教学时，教师要对教材的整体的知识体系有一个清楚的认识，知道每一章节在课程中的地位和作用，理清知识体系的层次和前后顺序，把握每一章节知识的重点和难点，以及每一章节所用的学时数，然后再来设计问题。如果教师没有这种全局的观点，而是随意设置问题，那么问题教学法就将失去意义，不仅不能起到促进教学效果提高的作用，而且还会适得其反，影响学生学习的效率。比如笔者在讲授单句这一节内容时，当讲完句型的分类时，就向学生出示一些句子，让学生来判断它们分别是哪种类型的句子，这能很好地检查本节课的教学效果，了解学生掌握知识的情况。这种知识的提出其实也就是对教材内容进行准确把握的结果，因为，学生如果分不清句型，那么他也就无法准确地分析句子的结构特点，更不可能很好地理解句式、句类等知识。所以教师在设计问题时一定要先准确把握所教授知识的重点与难点，在关键处设问，在疑难处设问。

（2）教师要充分了解学生的学情

师问生答式是教师向学生提问，教师应对学生的学情有充分的了解。只有教师了解了学生的学情，教师才能知道学生在哪些方面可能存在问题，哪些学生可能存在问题，什么时候提出问题，这些都需要教师提前做出预设，这样设计出来的问题才有针对性，问题的指向才明晰。相反，如果教师设计的问题不具有针对性，或者是学生通过自己的能力已经能够解决的问题，那么教师再设置这样的问题就失去了应有的价值，教学效果也不会有较大的提高。值得一提的是，在考虑学生的学情时，教师还要将学生的专业背景考虑进来，不同专业的学生在知识的需求上略微存在一些差异，教师应注意把握。如汉语言文学专业的学生将来很可能要走向教师工作岗位，这样他们就必须清楚地掌握现代汉语的语音知识，以便将来能够教学生更好地发音；然而对于秘书学专业的学生来说，他们更多的需求在于语言的运用，而不必对语音原理弄得细致入微，因此教学中教师就要准确地把握学生的这种需求，知道哪个地方对学生是最有用的，做到有的放矢。

（3）教师要熟悉被提问者的个性特点

从提问的方式上而言，师问生答式可以是教师问学生集体回答，也可以是教师问个别学生回答。在集体回答中不乏滥竽充数之人，教师要想知道是否所有的学生都掌握了某个知识原理，那么指名回答问题的形式就是最常用的一种形式，尤其是在课堂上，不仅方便快捷，而且还可以将其与课程的过程性考核结合起来，通过教师的提问来看学生对问题的理解和阐述情况，然后教师做出评判，记录到课堂表现这种平时成绩中，这是一举两得的事。但是教师在采用这种方法时，要关注学生的个性特征。因为有的同学性格可能较为内向，不太喜欢举手回答问题，相反有的学生则较为活泼，遇到问题总是争着举手回答，如果教师对学生的性格不太了解的话，那很可能内向的学生得不到回答问题的机会，所以教师要及时了解学生，也要适当地给予内向的学生一些表现的机会，锻炼他们回答问题的胆量，这既可以检测他们的学习情况，也可以培养他们的语言表达能力，更加有效地促进学生语言素养的提高。

二、学生问教师

生问师答式是学生向教师提问，然后由教师解决问题的一种教学模式。问题教学法最核心的要素在于创设问题情境，而这种问题情境既可以是教师提前预设出来的，也可以是学生在学习过程中动态生成的。不管是学生提出的问题，还是教师提出的问题，其实质都是创设了一种学习的情境，只要这种情境中的问题得到了解决，那么学生的知识就会有所增长，能力也会有所提高。不过，在这种模式中，教师要注意以下三个方面的问题。

（1）教师知识储备量丰富

常言道："教师要教给学生一碗水，教师自己就要有一桶水。"在生问师答式教学模式中，学生的问题是开放的，很可能会超出教师备课时的预设。这就要求教师要有丰富的知识储备。教师只有拥有丰富的知识，才能解决学生在课堂上动态生成的问题。相反，如果教师的知识不够丰富，面对学生提出的问题自己都无法解决，那么这不仅有损教师的人格魅力，而且对学生的学习积极性也会造成影响。因此，教师应主动扩大自己的知识储备，以便能够及时解决学生的问题。教师可以通过以下几种方式扩大知识储备：

①深入钻研教材

教材是学生学习知识的直接凭借，学生的问题大都是由教材中的内容生发出来的，教师对教材熟悉了就能尽可能多的预设出学生可能出现的问题。

②广泛阅读参考书目

语言研究的理论和方法流派众多，不同流派对问题的看法不尽一致，教师要充分了解不同流派的观点，这样能够解决学生从课外资料中生发出来的问题。

③关注学术前沿研究成果

教师应多看学术期刊，其中的前沿成果都是研究的新发现，是最新知识的体现，教师通过阅读相关文章可以丰富自己的知识容量，从而能够解决学生从现实生活中生发出来的语言问题。

（2）师生关系和谐

和谐融洽的师生关系是教育教学活动有效开展的前提条件。在教学活动中，教师是教学活动的主导者，学生是学习活动的主体，但是两者在师生关系中的地位应该是平等的，教学中应该展开对话，只有这样，才能真正做到教学相长。尤其是对于当代大学生而言，他们可以有更为便利的条件进行自主学习，这也就是说学生的知识未必不会在某些方面超越教师，教学中教师要充分尊重学生的意见，给予学生表达自己观点的机会。同时，教师只有注重和谐师生关系的创建，学生才能敢于发表自己的观点，课堂的互动才能得以实现。在运用问题教学法开展课堂教学时，如果没有和谐的师生关系，试想哪位学生敢于在课堂上提出问题？哪位学生又能够质疑某些存在问题的表述？如果我们的课堂是这样的一种教学情景，也就是教师一人言说的课堂，没有了师生互动，学生的主体地位发挥不出来，学生的创造性也就无从体现，教学效果难免就不尽如人意了。因此，运用问题教学法时，教师要积极创建新型的和谐师生关系，尽量通过问题与学生互动，这样才能激发学生学习的潜力，体现"以学生为中心"的教学理念。

（3）教师要有妥善处理问题的智慧

运用问题教学法时，虽然说我们要求教师要尽可能多地扩大自己的知识储备，但是学生人数众多，他们的阅读面广，在某些方面可能会有教师思考不及的地方，即教师难以以一己之力应对数百学生所组成的智囊团。那么一旦在生问师答式教学模式中，学生所提出的问题超出了教师的知识范围，那么教师应该如何面对呢？这里有以下几种方法，仅供参考。

第一，教师要敢于面对问题，不能因为学生提出了自己解决不了的问题就向学生大发雷霆，也不能找借口故意搪塞。教师要实事求是地面对问题，告诉学生解决这个问题的思路在什么地方，该如何思考等，甚至教师可以引导学生对问题进行深入研究，直至问题得以解决。

第二，教师可以与学生共同探讨，这样生问师答式的教学模式就会演变成我们下面要说的师生探讨式，对这种疑难问题，尤其是现代汉语中的一些复杂问题，如词与短语的分界问题、个别词语的词性判定问题、个别句式的归类问题等，这些问题在学界也是难以解决的问题，往往公说公有理婆说婆有理，因此教师应该与学生共同探讨，明确每一种观点的优点和不足，让学生自己思考，培养学生独立思考问题的能力。

第三，如果是在课堂上遇到类似的问题，为了不影响正常的教学进度，教师也可以采用暂时搁置问题的办法，然后课后及时查阅资料文献，或者与同行讨论等，找出解决问题的办法，然后再告知提出问题的同学，这也不失为一种妥善的解决办法。

三、教师与学生互相探讨

师生探讨式教学模式是教师和学生就某一问题展开讨论，最后达成共识的一种教学模式。在现代汉语教学中，运用问题教学法开展课堂教学，通常并不是通过一个问题就能将所有的问题都解决掉，而是在解决一个问题时往往会牵涉很多相关的问题，师生就这些问题进行探讨，逐渐由已知走向未知，再由未知走向已知，最终将原问题解决掉。在这种教学模式中，教师应做到以下几点：

（1）设置问题探讨的情境

问题教学法通过问题激发学生思维，教师在教学前要设置好问题情境。好的问题情境能够点燃起学生思维的火花，让学生充满表达的欲望，愿意与教师进行沟通。不理想的教学情境不会激发学生思维的动力，也调动不起来学生的积极性。因此教师要精心设计教学，选择合适的问题与学生展开讨论。这种探究性的问题应该具有以下特征：

第一，问题的解决办法应该是多元的，多元解答的问题才能激发学生的思维，不至于使学生故步自封，应该让学生根据自己的学识提出自己的观点。如汉语能否走向拼音化的道路、字母词能否在汉语中存在、网络语言对现代汉语有何影响等都可以成为教师与学生共同探讨的话题。

第二，问题的设计应该是学生所熟悉的，因为以问题为驱动而创设的学习情境，能形成各种情境性"刺激"的"教学事件"。如果教师设计的问题离学生的生活实际较远，那么学生因为缺乏足够的知识储备，很有可能会产生畏难情绪，不愿意参与到课堂中来，这样教师也没有办法开展课堂讨论。

第三，设计的问题在知识体系中应该具有必要性，这样的问题如果课堂上不去讨论，学生就有可能误入歧途。如上面所说的汉语能否走向拼音化的道路这个问题，如果说仅仅是为了简洁，那么你可以说能够走向拼音化的道路，但是我们记录汉语的方式一旦完全采用了拼音，则将会出现很多问题，如文化传承问题、区别语义的问题等，这些都是很严重的问题，因此通过讨论学生就能明白其中的利弊得失。

（2）激发学生参与的热情

问题教学法中的师生探讨式教学模式要求学生能够积极地参与到课堂讨论

中来，但是正如前文所说的，有些学生的性格较为内向，不愿意或者不太敢在公开场合发表自己的观点，因此教师要想办法激励这部分学生，让他们参与到课堂讨论中来。对此，我们可以从下面几个方向入手。

首先，教师要积极鼓励学生参与课堂活动，教师在教学中设立教学情境，让学生主动思考，有些学生不太敢讲话主要是因为心理上压力过大，担心自己表达不好会给自己带来负面影响，甚至会担心受到他人的嘲笑等，所以教师要以鼓励为主。

其次，教师要多给予表扬，表扬永远是激励学生学习的一剂良药。当学生阐述了自己的观点后，教师要多加肯定，对于回答不完全正确的，教师也不要一棒子打死，应当发现其合理的一面，激励他再次进行思考，逐步完成现代汉语课堂所提出来的任务。

最后，教师要采取一定的措施。这里所说的措施不是上文中的表扬，而是一些激励或督促措施，如课程考核中的过程性考核往往要结合课堂表现、平时作业等环节予以确定成绩，但是课堂表现又是以学生回答问题、参与课堂讨论为要求的，因此教师要通过这些措施来激发学生参与课堂讨论的热情。

（3）把控探讨的时间

"现代汉语"课程在汉语言文学、秘书学专业中通常开设两个学期，但是由于课程内容较多，课时受到压缩，学生课堂学习的时间相对较为紧张。为了不耽误其他知识内容的学习，教师在安排课堂讨论时，一定要注意时间的把控。因为如果教师不去好好把控讨论的时间的话，学生往往信马由缰，纵横驰骋，导致所谈的内容偏离主题，浪费宝贵的课堂学习时间。因此教师要注意时间安排，什么时间讨论到什么地方，由谁来进行发言，教师都可提前做出预设，切忌盲目自由讨论。

另外，教师对学生讨论时间的把握也体现出良好的教师职业素养。教师通过时间的把握可以让学生挑重点内容去讨论，而不是漫无边际地东拉西扯，这样不仅能够保证充足的教学时间，而且还能够突显问题的本质，让学生的思维能够紧随教师的问题而运行，体现出教师对课堂的高超的驾驭能力。

四、学生之间互问

授人以鱼不如授人以渔。在教学活动中，教师要注意对学生进行学法的指导，教师的教是为了不教。问题教学法中的生生互问式模式就是基于这种理念，让学生向学生进行提问，通过小组合作来检测所学知识的掌握情况或者解决学习中所遇到的问题的一种模式。在这种模式中，教师是教学活动的指导者，组织开展学习活动，学生则在教师的指导下学习，最终达到掌握知识、获得能力的目的。该模式在教学中对教师有如下要求：

（1）指导学生

马赫穆托夫强调："课是一种组织形式，教师和学生在课上作为组织和自我组织活动的主体，不可能不作为课的要素而进入课的组成和结构。"生生互问式教学模式虽然是学生互问互答，但必须在教师的指导下进行，没有教师的指导，学生的问题就会失去方向，甚至偏离既定的教学目标，因此教师要对学生的问题进行指导。笔者在教学声母和韵母的发音时，通常是教师先讲解辅音和元音的发音条件，然后再学习声母和韵母的发音，但是在现代汉语教材中，学习辅音和元音的发音条件时，实际上已经把声母和单韵母的发音讲解清楚了，这样，教师就可以让学生通过小组互相提问题的形式进行自主学习，这既巩固了辅音和元音的知识，也让学生掌握了声母和单韵母的发音条件。

在生生互问模式中，对于学生所提出的一些复杂问题，教师也可以给予适当的点拨，引导学生找到解决问题的思路。教师的点拨对于学生而言无疑具有指导意义，因为学生在互相提问时，他们可能也没有考虑到问题的答案是什么，尤其是具有开放性的一些问题，如对于副词究竟是实词还是虚词的讨论，学生可以有自己的观点，但是教师应指导学生弄清楚每一种观点的理论依据，只有把握住了理论依据，学生才能清楚地了解副词的性质。

（2）尊重学生的主体地位

教育活动的成败最关键的是看学生的主体地位是否得到了突显。教师的教学活动如果只是教师一个人在课堂上夸夸其谈，那么学生的主体地位就得不到突显，学生很容易失去学习的兴趣，思维也不够活跃，创造力也就会被扼杀。相反，教师若能尊重学生的主体地位，将学习时间尽可能地还给学生，让学生通过自己的探索，发现语言的规律，这既能激发他们的求知欲望，也能使他们从探索中发现研究的妙趣，为他们今后从事研究工作奠定基础。陈锦胜指出："培养学生的'问题意识'和创新精神，需要十分自由、宽松地探究问题的环境。"在教学中教师尊重学生的主体地位主要体现在以下几个方面：

第一，耐心倾听学生的问题，观察学生向学生提问时可能存在的障碍，帮助学生消除这些障碍，促使活动得以开展。

第二，尊重学生所表达的意见。学生在阐述问题时，可能限于知识了解不够全面或者不够深入，往往只是浅尝辄止，教师在必要时可以给予适当的引导和点拨，使问题能够得以解决。

第三，与学生平等对话。在教学活动中学生是学习的主人，教师利用所创设的情境激发学生积极参与活动的热情。当学生向学生提问时，教师依然是活动的主导者，与学生存在对话的时间和空间，教师与学生只有维持关系的平等，活动才能顺利开展。

（3）总结学生的问题

生生互问式是学生互相提问，以小组的形式开展学习活动。这也就是说学生所提的问题并不一定完全相同，甚至有些学生所提的问题并不是教学中的重点问题，这样容易导致教学内容偏离教学目标。教师在运用这种形式开展教学活动时，也并不是漫无目的地让学生自由谈论，教师在活动结束时应该进行及时的总结。这可以促进学生元认知的发展，使学生掌握问题解决的策略，提升学生分析与解决问题的能力。在总结时，教师应保证知识的归纳具有体系性，知识的学习具有完整性，语言表述具有简洁性。从体系性上而言，"现代汉语"课程知识前后关联性较大，语言结构本身就具有较强的体系性，教师要讲清楚所学内容在课程结构中的地位和作用，使知识前后关联起来，以便于理清知识的体系脉络。从完整性上而言，学生的课堂讨论很可能是零散的、片面的，教师要融合多个小组讨论的结果，将其整合起来，全面阐述问题的实质，确保知识传递的科学性。从简洁性上而言，教师只是对学生的讨论做出总结，目的是归纳所学知识的体系和结构，而具体的问题分析学生在互问互答的讨论中已经解决掉了，教师总结时并不需要具体阐述，因此要求语言要简洁。

第三节　问题教学法对现代汉语教学的影响

一、增强教学的目的性

课程设置首先体现为教学目标的设定。因为只有有了目标，教学才有进一步深入发展的可能。同时，在教育教学实践中，一切活动又都是为了实现教学目标的展开，只有目标实现了，教学活动才能体现出它本身的价值。因此，在教学过程中，教学目标的设立和完成也就成了整个教学的出发点和归宿。在现代汉语课程的教学中，问题教学法对于教学目标的实现具有积极的意义，主要表现在以下几个方面。

（一）明确课堂教学目标

学者谭景凤、于波指出："教学目标是情境问题的最终指向，问题是目标的具体化，也是情境的核心要素，又是教学情境创设的逻辑起点。"现代汉语教材一般按照章、节、目的体例编写，每节之前有"目的要求"，即本小节需要实现的教学目标，教学活动要围绕这些目标展开。但在教学中如果只是按部就班地照本宣科，那么这些教学目标就得不到应有的重视，进而不利于目标的实现。相反，如若采用问题教学法，则有利于使课堂教学的目标得以凸显。因为问题教学法就是根据一定的情境提出问题并解决问题的一种教学方法。它可以根据教材内容创设一定的情境，从而将所要学习的知识转变为一个又一个的问题，问题得到了解决，目标自然也就能够实现。因此，问题教学法在现代汉语教学中通过明确课堂教学目标，可以增强学生课堂学习的目的性。

（二）将课程分解为问题

课程的设置始于目标的制定，目标的制定体现于知识的表达，知识的表达又体现于内容的安排。但是，从教学的角度而言，整个过程恰恰相反。在教学中，要先将内容转化为知识，然后再将知识转化为目标，而目标的实现也就是课程任务的实现。在现代汉语教学中，问题教学法可以将课程内容分解为知识目标，知识目标进一步转化为问题情境，最终通过问题的形式将教学内容展示出来。如在教学语法的概念时，我们可以根据大纲要求将教学内容外化为知识目标，即理解语法和语法体系的目标，然后再根据逻辑关系将这个目标分化为具体问题，如语法是什么，它有哪些含义，什么是语法体系，等等。这样，整个教学活动的目的就十分明确，学生的学习也有的放矢，也便于教学目标的实现。这正如李浩所言："问题设计的好坏直接关系到学生学习的成功与否。"

（三）将知识转变为能力

从学生发展的角度而言，学习主要是为了提高自身的素质和能力。那么，在教学中如何将书本知识转变为学习者自身的素质和能力就显得尤为重要。众所周知，知识不等于能力，它只是能力提高的一个条件。我们只有将知识应用于实践，在实践中用知识解决问题才可以称得上是能力的提高。因此，在教学中既要关注学生知识的掌握，又要关注其能力的提高。要让知识转变为能力，问题教学法是十分有效的方法之一。问题教学法从问题入手，启发学生思考，在对问题进行思考的过程中形成解决问题的能力。当学生提高了解决问题的能力之后，学习的目的自然也就得以实现。因此，在教学中运用问题教学法可以增强学习的目的性，从而实现学生素质和能力的提高。

二、激发学生的求知欲

求知欲是追寻知识、探求真理的一种心理念想，它属于人的高级心理需求。

在教育教学中，采用问题教学法将会大大激发学生的求知欲，因为问题可以激发学生思考，促进学生积极探索，进而可以调动学生主动求知的欲望。

（一）培养学生的创新精神

高文指出："思维的核心是创新。"创新是推动社会进步的核心力量，没有创新就没有社会的进步，因此，在教学中我们要培养学生良好的创新精神，而培养学生创新精神的首要途径就是采用问题教学法。问题教学法通过设置问题引导学生思考，培养他们勤于思考、善于思考的习惯。实践证明，有思考才有创新，没有思考将一无所获。思考一方面能促进人类对已有事物进行反思，找出事物之间的联系和区别；另一方面，还可以总结事物发展演变的规律，从而为认识世界、改变世界做必要的准备。因此，问题教学法通过思维训练可以培养学生良好的创新精神。李学军指出，现代汉语课程开设的最终目的就是要"培养学生分析语言事实的能力"。学生只有具备创新精神，才能具有这种语言研究能力。

（二）提高学生的探究能力

学生的求知欲和探索能力也是密切相关的。学生只有拥有强烈的求知欲，才能去主动探索、努力发掘未知世界，因此问题教学法有助于提高其探究事物本质的能力。在现代汉语教学中，教师运用问题教学法，针对教学中的重点和难点设置问题，引导学生对其进行思考，这样能让学生步步深入，最终达到掌握知识的目的。当然教师还可以针对学界的最新研究情况，给学生设置一些开放性的题目，如在讲解名词的语法特征时，教师可以设置这样的问题：汉语中的名词通常不能被副词修饰，但语言中却有"很淑女""特爷们"这样的说法，请问这种语法现象该做何解释？这样的问题就特别容易激发学生的探索欲望。教师不必要求学生急于回答，而是把问题交给学生，让他们自己通过查资料、搜例句，分析其原因，从而培养学生的科学研究能力。

（三）关注学生自身价值的实现

问题教学法在教学中根据情境创设问题，实际上是为了让学生把精力更好地投入学习过程当中。问题教学法中的问题是课堂教学活动能否有效开展的关键，因为教师设置的一系列问题只有学生参与进来，才能推动课堂教学活动的顺利开展。而学生在参与课堂教学活动的过程中，其自身作为学习主体的价值便也得以体现。在教学中，学生通过亲身参与创建整个课堂活动，在学习活动中通过探索发现解决问题的途径，提高自身的综合素质，从而使自身价值得以体现。而当他们自身价值实现以后，会进一步增加他们求知的欲望。这是因为他们从学习活动中体验到了参与的快感，体悟到了成功的喜悦，体会到了知识带来的乐趣，所以他们求知的欲望也就变得更为强烈。

三、提高学生的学习兴趣

兴趣是指个体积极探索事物的倾向。学生学习有了兴趣，教学也更便于开展，因此教学要从提高学生的学习兴趣入手。问题教学法是提高学生学习兴趣的方法之一，因为问题教学法既关注学生的共性，也关注个性，便于因材施教，所以学生也较容易接受。

（一）提高学生学习的积极性

问题教学法在教学中由问题入手，激发学生思考，有助于调动学生学习的积极性。因为，一方面教师设置的问题往往都带有一定的悬念，学生必须积极参与才能对问题进行回答。反之，如果学生对问题不进行积极思考，甚至会陷入教师设置的圈套之中。如笔者在教学判断动词"是"和介词"给"时，就经常设置一些含有其他词性的"是"和"给"的问题让学生辨析。通过辨析，学生可以准确掌握不同词性的"是"和"给"出现的语言环境，从而提高自己分辨词性的能力。另一方面，采用问题教学法还可以针对个别学生的问题进行阐释，如课堂上某些学生对某个知识点没有理解清楚，教师可以根据学生已有知识逐级设问，这样让他们一步步思考，从而可以准确理解学习中存在的难点。

（二）提高学生学习的主动性

学生学习的主动性同积极性是一致的，当学生产生了学习的积极性后，其学习自然也就具有主动性。因此，当我们采用问题教学法讲授现代汉语课程时，一方面能调动学生学习的积极性，另一方面能调动学生学习的主动性。同样是讲授动词"是"和介词"给"的词性，如果教师不设置问题，而是直接将知识一股脑地传授给学生，那么他们就不会进行积极思考，不会主动地去探寻动词"是"与副词"是"、介词"给"与动词"给"或助词"给"的区别，这样学生对于学习的兴趣则完全得不到激发，只能被动地、消极地接受。可见，在现代汉语教学中运用问题教学法，在提高学生学习积极性和主动性的同时，也提高了学生的学习兴趣。

（三）提高学生学习的趣味性

趣味性也是我们在教学中努力追求的一种教学效果。在现代汉语教学中采用问题教学法可以提高学生学习的趣味性。因为教师设置问题需要考虑的一个重要因素就是问题是否具有趣味性。如果教师设置的问题富有趣味性，则易于激起学生的学习兴趣，反之学生学习的兴趣就会大打折扣。如在讲授词的演变的时候，笔者经常以当前的网络流行词作为用例，如"网红""颜值""尬聊""佛系""油腻"等，这样更能说明新词是如何产生的。而对于新词产生路径的分析，我们可以设置成各种各样的问题，让学生根据他们掌握的资料进行分析。这种贴近生活的用例不仅激发了学生学习的兴趣，而且提高了他们分析问题、解决问题的能力。

四、提升课堂教学的质量

从根本上而言，运用教学方法的目的还是提升课堂教学的质量。一节课45分钟，如何在这短暂的时间内有效地开展教育教学活动，关键就看教学方法的运用是否得当。在现代汉语课程教学中，问题教学法是有效提升课堂教学质量的一种方法。

（一）凸显教学中的重点

课堂教学首先关注的是本节课所要讲授的重点。只有重点解决了，本节课的教学任务才能算得上是基本完成。在现代汉语教学中，突出重点可以采用讲解法、探究法，但这些方法的运用最好结合问题教学法。应用问题教学法不同于单纯的教师讲解，也不同于学生的自主探究，它是根据具体教学内容的要求，以问题为导引，驱动学生主动思考，从而掌握知识、提升能力的一种方法。在这样的学习过程中，教师的主导地位和学生的主体地位都能得到充分体现，可以有效地解决教学中的重点，这样学生的学习任务也就基本能够完成，自然课堂教学的质量也会随之得以提高。

（二）分解教学中的难点

课堂教学除了重点内容要重点解决之外，难点内容也要妥善处理。因为在实际的教学中，一节课的教学重点也很可能是难点，难点突破不了，重点自然也无法体现。应用问题教学法能够将教学中的难点问题逐层分解，把一个难题变为多个小问题，而小问题之间又是层层关联的，这样学生通过解决小问题，逐渐接近难点，当学生把所有的问题都解决了的时候，教学中的难点自然也就随之解决了。如笔者在讲解"语法体系"这个概念时，从学生刚刚掌握的"语法"的概念入手，先问"语法"的概念包含哪两层含义，然后再问"什么是体系"，最后再问"什么是语法体系"，这样学生根据"语法"的两层含义就会推知"语法体系"也会有两层含义，从而可以准确理解"语法体系"这个概念。

（三）扫除学习中的盲点

从建构主义的角度而言，学习的过程实际上就是知识建构的过程，但是学生建构知识有时会遇到困难，即原有知识与目标知识之间无法进行有效连接，因此不能有效实现知识的建构，这就是学习中的盲点。采用问题教学法可以有效实现原有知识与目标知识之间的连接，避免这种知识建构中的盲点出现。如在让学生分析"小明被打了"中"被"的词性时，多数学生无法准确将其分析为助词，而是错误将其分析为介词。这时教师可以设置"'被'这个介词的功能是什么"这样的问题，让学生明白介词"被"的功能是引进施事，教师再进一步追问例句中的"被"后是否有施事，学生就会发现该例中的"被"并不是介词，这时他们就会重新审视这个"被"，而将这个"被"字分析为"助词"。由此可见，在现代汉语教学中教师采用问题教学法可以扫除学生学习中的盲点，从而可以提升课堂教学的质量。

五、增强现代汉语的教学魅力

现代汉语属于语言学类课程，它不像文学类课程那样，可以通过具体文选的学习让学生理解课程内容。因此，不少教师抱怨现代汉语课程枯燥，学生不感兴趣。的确，现代汉语理论知识略显枯燥乏味。其实，课程设置已经固定，而如何教学则是灵活多样的，教师如果采用问题教学法，那么将在很大程度上避免课堂教学的呆板和僵硬，从而增强现代汉语课程教学的魅力。

（一）强化师生沟通的途径

现代教育理念倡导平等、和谐、融洽的师生关系，而这种新型师生关系的构建就需要师生在教学活动中加强沟通，共同对话。应用问题教学法就是强化师生沟通的一种有效途径。问题教学法的基本教学模式就是问答式，可以是教师问学生答，也可以是学生问教师答。但不管具体形式如何，通过问答，教师与学生之间的交流便得以实现。在师生交流中，教师关爱学生，学生尊敬教师，师生之间的感情便得到升华。教育是充满感情的，有感情的教学活动才称得上是有魅力的。

（二）拓展教材内容的外延

世界上任何事物都在不断发展，不断演变，语言也不例外，"不同时期的语言现象中总会产生一些新的语言成分及语言结构"。对现代汉语而言，无论是语音、词汇，还是语法，都在不停地发展变化，而教材的更新相对于语言的演变而言相对较为滞后。从另一方面来说，语言研究也在如火如荼地开展，语言理论也日新月异，研究成果更是层出不穷，那么如何把学界的最新研究成果渗透在现代汉语课程的教学之中就是一个需要教师认真考虑的问题。采用问题教学法，可以很好地处理这个问题。我们可以在教学中有意深化课程内容，给学生提出一些思考性的问题，让他们积极思考。如在教学"被"字句时，就可以根据当前网络上流行的"被××"句式进行拓展，让学生分析这类句子与教材中所讲的"被"字句有何差异，在语用功能上有何特点。这样学生通过具体用例，如"被就业""被捐款""被小康"等说法逐步认识到这种新兴"被"字句的特点及功能。可见，运用问题教学法，可以使现代汉语课堂紧跟时代步伐，从而拓展现代汉语教学的内容。

（三）活跃课堂教学的氛围

课堂教学氛围是否活跃和教师采用的教学方法有关。传统教学方法往往是教师讲学生记，教师与学生缺乏必要的互动，教师对学生的学情也很难准确把握，因此课堂气氛无法做到和谐融洽。但是采用问题教学法以后，无论是教师向学生提问，还是学生向教师提问，师生之间的沟通加强了，彼此交流就会增多，那么课堂教学的氛围自然也就比较活跃。因此，应用问题教学法可以增加师生之间彼此交流的话题，可以增多师生之间彼此对话的机会。笔者曾用一节课对两个平行班级进行对比考察：采用问题教学法教学的班级，学生的课堂表现较为活跃；而采用传统的纯粹教师讲授方法的班级，学生的学习情状则较为倦怠。可见，应用问题教学法确实能够活跃课堂教学的氛围。

问题教学法以问题作为课堂教学的载体，通过设置问题和解决问题来增强学生自主学习的欲望，它是一种开放式的教学形式，对学生主体作用的发挥十分有益。诚如罗祖兵指出的："学习知识应该有多种方式，从问题中学习可能是古老的方式，但也可能是最有效的方式之一。"在现代汉语教学中采用问题教学法行之有效，它可以增强课堂教学的目的性，使教学活动有的放矢；可以激发学生的求知欲，使学生自身价值得以体现；可以提高学生的学习兴趣以及学习的积极性和主动性；可以提升课堂教学质量，使教学重难点得以凸显；可以增加现代汉语的教学魅力，使学生乐学愿学，也使现代汉语课堂妙趣横生。教师在理解问题的基本要素之后，还需要深入挖掘其背后蕴含的多种功能，只有这样，现代汉语课堂的教学才是高效的，现代汉语课程开设的目的才能最终实现。

第五章　基于现代汉语特点的语法教学优化策略

本章内容为基于现代汉语特点的语法教学优化策略，主要从四个方面进行介绍，分别为汉语语法的特点、现代汉语语法教学内容优化策略、现代汉语语法教学模式优化策略、现代汉语语法教学方法优化策略。

第一节　汉语语法的特点

一、语法的概念

语法，顾名思义，指语言的规则章法。但作为语言学领域的一个专业术语，它被各家赋予的定义不尽相同。

《现代汉语词典》将"语法"解释为"语言的结构方式，包括词的构成和变化、词组和句子的组织"。暨南大学的邵敬敏先生认为：语音、词汇、语法构成了语言的主体。语法是语言的构造规则，词语好比水泥、钢筋等建材，遵循一定的建造规则，才能把这些建筑材料建造成语言大厦。因此汉语语法是我们组织句子不可或缺的成分，没有语法的语言是不存在的。例如"她""想""吃饭"三个词，从排列组合上讲可以有六种组合方式，但是只有"她想吃饭"才是符合句法的，其余的组合都不合句法。这个小例子就告诉我们：词语和词语间的关系不是任意的，而是有某种规则在起作用，这种规则就是语法。

"语法，是语言的组合法则，专指组成词、短语、句子等有意义的语言单位的规则"，黄伯荣、廖序东在《现代汉语》一书中如是说。词、短语、句子分别是怎样构成的，这背后都有一个共同的因素在起作用——语言规律。而周一民在其《现代汉语》一书中的表述更为通俗易懂："语法就是语言的结构""从听读者的角度看，语法又是理解话语意思的认知规则"。同样，胡裕树先生也是这样认为的，"语法是语言要素之一。理解一个句子，不但要懂得每个词所

123

表示的意义，还要了解词和词之间所发生的关系"。语言的构成要素之一就是语法，正确理解句子的前提是弄清楚每个词语间的组合方式，就是汉语语法。词语意思表达的是客观事物，语法知识是词语之间的组合规律，在二者的相互作用之下，各种句意不同但符合语法规则的句子就会纷纷涌现。

总之，尽管各家对"语法"的定义不尽相同，但各家之定义还是有共同之处的，即语法是语言的一个基本要素，是遣词造句的基本规则，是语言单位的结构规律，它在语言学习中有着不可忽视的作用。

语法是语言的结构规则。人们的言语行为必须符合语法规则，否则就无法交流信息。这可以从两个方面加以说明：

第一，从言语表达的角度看，说写者在用词造句时必须遵循语法规则，否则听读者会不知所云或感到别扭。例如，光有"力量、就、知识、是"几个零散的词，还无法表达意思；把它们加合成"力量就知识是"或"是就知识力量"，也还是不能表达意思，因为这些组合不符合汉语的结构规则。只有按照汉语语法规则，把它们组成"主＋动＋宾"的结构，即说成"知识就是力量"，才能让听读者理解。又如，当听到外国学生说"一点点我不舒服""尽管天塌下来，我也能顶得住"这类句子时，我们能明白其意，但会感到很别扭，觉得不像中国话，原因在于这类组合偏离了汉语的语法规则。按照汉语的语法规则，前一句中的"一点（点）"不能用来修饰全句，也不能用来修饰形容词，应改为"我有点儿不舒服"。后一句前后两个分句是让步关系，其中的关联词应改为"即使……也"。"尽管……也"在汉语中不能搭配。

第二，从话语理解的角度看，听读者在理解话语时必须借助语法规则的指示，否则无法理解。例如，一个不懂"主＋动＋宾"结构规则、不懂"是"表示判断的语法意义的外国人，是不能真正理解"知识就是力量"这个句子的意思的。同样，若不懂"什么"的否定用法，也是无法真正理解"你都懂什么！"这句话的含义的。

也许有人会说，我们在表达时并不是先想好语法规则再说话或写文章的呀。是的，我们在表达时，一般不会这样做。那语法规则是怎么起作用的呢？是下意识地起作用的。既然语法规则会下意识地起作用，那为什么还要学呢？因为只靠"下意识"还无法避免语法错误，特别是在表达复杂的思想时。只有自觉地系统地学习了语法规则，才能自觉地更好地利用语法规则，避免在言语交际中出现语法错误。要做好语言文字工作，语法规则的学习更是必不可少的。

"语法"这个术语，在人们的实际运用中有两个含义：一是指语言结构规则本身，二是指研究语言结构规则的科学。比如"这样说不符合语法"，这句话中的"语法"是指语言的结构规则；"语法是一种专门的学问"，这句话中的"语法"是指研究语言结构规则的科学。在需要加以区别的时候，人们把前者叫作语法，把后者叫作语法学。

二、语法的特点

（一）语序和虚词是汉语最主要的语法形式

汉语的词形没有很丰富的形态变化，无论是作主语还是谓语、宾语，都无词形变化。而英语却是有丰富词形变化的语言，名词有单复数形式，动词有时态变化，等等。更多时候汉语是以语序和虚词来表达英语中靠词形变化而表达的语法意义。例如：

这件事他知道了。（英语：has known）

我告诉他了。（英语：I）

他告诉我了。（英语：me）

在汉语里，同样的词语在组合时，因为语序的不同可表达不同的语法关系。比如："发展缓慢"是主谓关系，"缓慢发展"是偏正关系；"态度端正"是主谓关系，"端正态度"是动宾关系。此外，用不用虚词或者用什么样的虚词，都可以使表达的意思不同。如"经济繁荣"是主谓关系，"经济的繁荣"则是偏正关系；再比如"老师的朋友"是偏正关系，"老师和朋友"则是联合关系。

（二）缺乏严格的形态变化

从狭义形态方面来看，印欧语的语法意义主要是靠词的形态变化来表示的。例如在英语中，名词有单复数的变化，在表示复数时，一般会在名词的后面加上后缀"-s"，比如"map"表示单数，"maps"表示复数。另外，英语的谓语动词还有人称、数、时态的变化。又如在俄语中，普通名词有单数、复数的区别，单、复数各有六个格的变化，一个名词就有十二种变化，名词又有阳、阴、中三种性的区别，不同性的名词有不同的变格规则，等等。与印欧语相比，汉语没有那么多的规则。一般认为，汉语中的形态变化主要指一部分动词、形容词的重叠形式。例如：动词"听""商量"可以重叠为"听听""商量商量"，重叠以后表示尝试和短暂的意义；形容词"高""漂亮"可以重叠为"高高""漂漂亮亮"，重叠以后表示程度的加深。

从广义形态方面来看，汉语中的一些表示形态变化的要求并不严格。例如，在表示复数时，汉语可以用"们"来进行表示，但是"们"并不是必须要有的，如"老师们都来了"和"老师都来了"在语法意义上是一样的。而在英语中，表示复数的时候"-s"是必不可少的，并且在不同的情况下，用"-s"来表示复数有不同的变化，如以辅音字母+y结尾的名词变复数时，需要变y为i再加es，以s、sh、ch、x结尾的名词变复数时，需要加es，等等。这表明，与印欧语相比，汉语缺乏严格意义的形态变化。

（三）词、短语和句子的结构一致

例如：

年轻、意气风发、天气不太好。

理财、选择逃避、请讲普通话。

以上两组例子，从词的构成到短语构成再到句子构成，都具有一致性，第一组的结构关系皆为主谓关系，第二组皆为动宾关系。这种词、短语和句子的结构一致性原则是汉语的一个特点，因为汉语的双音节词大多是以词根复合法为主构成的复合式合成词。这一特点为我们学习掌握汉语词语和句子的结构类型带来一定的便利，但也为词和短语的区分带来一定的困难，有时候一些相同相近的结构可能属于不同的语法单位。如"黑板—黑墙、马路—近路"，这两组词语中的前一个单位"黑板、马路"是词，后一个单位"黑墙、近路"是短语。

（四）具有丰富的量词和语气词

量词是表示人、事物或动作的数量单位的词。英语和俄语都没有量词，数词可以和名词直接组合。日语中有量词，但远远不如汉语那么丰富，使用范围也比较狭窄。汉语数词后的量词十分丰富。宽而薄的东西，可以用"张、枚、片、块、页"等量词；细而长的东西，除了可以用"根、支、枝、杆、棵、株"等量词外，还可以说"一管笛子""一节竹子""一条鞭子""一把尺""一枚钉子"等；以人作计数单位，可以说"这儿有几个人""我家有三口人""那儿有一帮人""从南边来了一伙人""我家来了好几位客人"。

相比其他语言，汉语的语气词也很丰富，而且汉语语气词的出现频率比较高，可以表达各种语气和口气，并能表现出细微的差异。如陈述、疑问、祈使、感叹不同的句类都有相对固定的语气词。有的语气词可以表达多种语气，而一种语气也可以由多个语气词表达。口语中，语气词和语调配合使用，可使句子语气更明显；书面语中，语气词和标点符号配合使用，也会收到很好的效果。因此语气词在汉语语法和表达中占有重要的地位。普通话里最基本的语气词有"的、了、呢、吧、吗、啊"。其他的语气词有的是因为语气词连用而产生连读合音的结果，例如"啦"是"了啊"的合音，"呀、哇、哪"等是"啊"的音变形式；有些是不太常用的，例如：他们会来的。孩子们打算去哪儿呢？

（五）具有抽象性

抽象是指对具体的事物进行类的概括。语法具有抽象性，因为一种语言中具体的词汇成员数量巨大，具体的句法结构的数量更是无限多，我们不可能去为每个词语和每个句法结构都建立一条规则。事实上，一种语言中，语法类别和语法格式的数量是相当有限的。例如"教室""工人""樱桃""铅笔""思想""树叶""观点"等词，虽然意思各不相同，但是根据它们的某些共同特点，如能受数量短语的修饰、能做句子的主语或宾语等，就可以建立"名词"这个类。再比如：

我把窗花剪破了。

小明把香蕉吃光了。

太阳把衣服晒干了。

警察把小偷抓住了。

校长把学生找回来了。

吵闹声把我的思路打断了。

以上各句所用的词语各不相同，它们的具体意义也不一样，但结构方式都是"代词/名词＋介词＋名词＋动词＋动词/形容词"的序列，从中可以归纳出"主语＋状语＋述语＋补语"的格式，从而建立"把"字句这个类。

正因为语法规则具有抽象性，它才是一种概括的规则，所以我们说语法不是讲某一个具体的词或具体的句子，而是讲一系列词和一系列的句子。为了概括说明句子的构成、变化、分类，就要说明词和短语的构成、变化、分类；为了说明短语，也要对各种词的性质做出概括。因此，人们掌握了有限的语法规则和语法格式，就可以控制数量巨大的词汇成员，造出无数的各式各样的句子，表示无限多样、丰富多彩的意思，从而使得复杂的语言交际成为可能。

（六）具有层次性

层次性是指语言单位的组合不是处于同一平面的，而是内部有主次、松紧之分，有层次、有套叠的。语言单位组合在一起，基本上都是层层套叠、两两组合的，每一层中的两个组合单位构成该层次的两个直接成分。除了一些特殊的结构单位外，无论多么复杂的语言单位，都是由直接成分组成的，而直接成分本身往往又是由更小的直接成分组成的。例如：（他们）非常/仔细地/研究/一切/可能的/方案。

直接成分通常都是两个成分互相对应的，但联合短语和连动短语除外，它们的直接成分可以是两个，也可以不止两个。例如"笔墨纸砚"是由四个直接成分构成的联合短语，"小张走进教室拿出一本书看"的加点部分是由三个直接成分构成的连动短语。

语法的层次性又使得语法规则具有强大的递归性。所谓递归是指相同的规则可以在一个结构里重复使用。例如：

王鹏去过上海了。

张强知道王鹏去过上海了。

李华认为张强知道王鹏去过上海了。

我觉得李华认为张强知道王鹏去过上海了。

从理论上讲，这种替换可以无限制地扩展下去，但是在语法上，这种递归是有限的，一般不会超过七项。通过不断地递归，句法结构的层次越来越多，结构关系由简单变复杂，从而满足了表达复杂的思想内容的需要。正因为语法规则具有递归性，它才是一种简明的规则，即不必建立许多不同的规则，只需重复使用有限的几条规则。

（七）具有稳定性

稳定指的是语法规则与语音、词汇这些与地域差异、社会发展联系紧密的语言要素相比较，发展变化的速度比较慢，变化的现象也比较少。从语法变化的现象看，很多语法规则是根深蒂固的，长期以来一直保持了下来。从语法的变化速度来看，即使是一些十分微小的语法现象的出现和更替，都需要经过语法体系内部的重新调整，甚至长时间的此消彼长的拉锯才能完成。

正因为语法规则具有稳定性，它才是一种有效的规则，即规则一旦形成就不能随意地增减或废止。有了稳定的语法规则，在相当长的时间之内，人们的交流才能顺畅，彼此心领神会，顺利地完成交际任务。

（八）具有民族性

所谓民族性是指每一个民族的语言其语法都有自身的特点。因为任何一种语言的语法都是自成体系的，每一条语法规则都不是独立地起作用的，而是有条理的整体，是由聚合关系和组合关系构成的规则系统。例如印欧语系的词形态变化比较丰富，组词成句往往受形态变化的制约；而汉语没有严格意义的形态变化，所以组词成句时，主要受语序和虚词的制约。再比如语序，在汉语中宾语位于动词的后面，而藏语、彝语、哈尼语、景颇语、日语的宾语却在动词的前面；汉语的定语总是在中心语前面，而很多语言的定语在中心语的后面。

总的说来，学习语法既不能过分强调语法的普遍性而忽视各个语法系统的个性特点，也不能过分夸大语法的民族性而忽略了人类语法的共性特征。

三、语法的发展现状

当代的语法尽管不像词汇那样变化多端，纷纭复杂，但是也有一些比较大的变化，其主要表现如下：

（一）崇尚简约高效

当今的社会是讲求效率的社会，这已经贯穿和反映在社会生活以及人们行为的各个方面，当然在语言及其运用中也不例外，而其具体表现主要是使用尽可能经济简约的形式，来表达尽可能丰富的信息和尽可能多样的色彩，以求得语言功能和效用的最大化。可以说，效率的诉求已经深入当今汉语的实质和内涵中，相当全面地反映在它的各个要素和表达的各个层面，并在一定程度上影响和制约了汉语发展变化的趋势和走向。

效率诉求在语法上的表现就是在不影响意思表达的基础上尽可能地趋于简化。如指称性词语陈述化的"程度副词＋名词"、"名1＋名2"以及"比名还名"形式的产生和发展，都包含这方面的动因，而陈述性词语的指称化同样也有趋简的因素，至于不及物词语的及物化以及名词直接做状语和补语，就更是如此了。

而且不少形式已经达到"最简"的程度，比如从"在基层挂职"到"挂职基层"（另外还有一种可能的形式是"基层挂职"），由五个字到四个字，由两个层次到一个层次，在语法层面已经无可再简了，可以说达到了简约的极致。

（二）追求丰富多样

这一点大致可以从以下三个互有交叉但又各有侧重的层面来理解：

第一，就某一具体语法单位或形式而言，拓展了它们的用法，从而使之更加丰富。比如，2009年度流行语中有一个"被××"（如"被就业、被捐款"），大致表示"所谓的令人怀疑的××"的意思，从语法层面说，就是对传统"被"字结构的一个拓展。

第二，就某些固有的表达方式来说，创造了新的同义形式，前文讨论的各种现象基本都属于此类。

第三，就整个现代汉语语法体系来看，创造或引进了全新的形式，从而进一步丰富和完善了整个表意系统。比如，闽南话中有"有＋VP"的形式，其中的"有"表示动作行为的完成或对动作行为的确认（如"我也有去"意同"我也去了"，"他有找我"意为"他找过我"），这一形式先是在深受闽南话影响的台湾语言中常用，现在一些说普通话的年轻人也经常使用。与此相似的还有"有没有 VP"式正反问句，如"你有没有听错"等，这也是从南方方言中引进的形式，现在普通话中也已经比较多见了。

当然，新形式与新用法都有一个规范度与可接受度高与低的问题，比如像汉语动词后边加上英语进行时中动词所加的"ing"来表示该动词所指的动作行为正在进行（如"学习 ing"），它的规范度与可接受度就显然不能与上述各种形式相提并论，所以只能限定在网络语言的范围内，而难以进入现实的语言交际和表达中。

（三）发展脉络清晰

上述各种现象都有比较清晰的发展脉络，这大致可以从两个方面来说：一是除了从方言或海外汉语社区直接引进的以外，它们基本都不是当代汉语中才有的，而是早在现代汉语第一阶段就已经出现甚至比较多见的，只是到了第二阶段以后才日趋萎缩（所以给人的感觉似乎是一些新生形式，实际上有不少研究者也是这样说的），这样就可以着眼于整个现代汉语的发展过程对它们的产生、发展和使用情况作一个完整的考察和梳理；二是在当代汉语中，上述各种形式依然处于发展的过程中，并且呈现出非常清晰的发展脉络。就第二方面来说，主要表现如下：

1. 由限定型向非限定型扩展

上述形式最初很多都取四字格形式，如"情调生活、再造辉煌、做客北京、电话拜年、落户上海"等，这样的形式介于词法与句法之间。一般来说，词法的灵活性和"宽容度"高于句法，所以词语的构成情况及其构成部分之间的语义关系往往比句子成分及其关系更为复杂，因此，这介于二者之间的部分相对较为容易产生和接受一些新的结构形式和结构关系。这样的四字格或其他音节结构简单的形式可以称为"限定型结构"，它可以看作一些新用法的起点。随着这样的形式向自由组合的非限定形式扩展（走出四字格，某一部分可以比较自由地替换），它们才有了真正的发展，而现在已经可以看到，很多形式和用法都已经完成了这样的变化。

2. 由标题向正文扩展

标题语言有一些与正文不同的特点，从某种程度上说，它更接近于诗的语言：一方面经常要把更多的信息"浓缩"在简短的形式之内；另一方面还要把求新尚奇放在非常突出的地位，因而经常会对语法规则做更大的偏离，因此，标题往往就成为各种新语言现象的"发源地"和"试验场"。所以，一般来说，当一种新形式只在标题中出现的时候，那么就大致可以认定它还处于"初显"阶段，而当它逐渐在标题以外的正文中较多地出现时，则说明它已经有了进一步的发展。

3. 由低规范度文本向高规范度文本扩展

规范是分层次的，就媒体而言，不同的报纸杂志等对规范的要求和标准有所不同，如中央级的大报与地方小报，大致就处于不同的规范层次。一般的情况是，规范层次相对低一些的媒体往往对各种偏离形式有更高的宽容度，因而对各种新语言现象的反映经常是"即时"的，这一点多少与上述的标题语言相似；而处于规范层次高端的媒体，对新语言现象的反映则往往有滞后性，因此，当某一新现象比较多地出现在这样的媒体时，则往往可以表明它们已经在实际的语言运用中站住脚了。

4. 书面语与口语双向扩展

在语言发展过程中，一般的情况是口语对书面语的影响较大，比如正是在口语的影响下，传统的文言发生变化，最终形成了白话文。一种新的语言形式，如果它只能在书面语或口语中使用（比如像一些"欧化"语法现象，如"倒装句"等），而没能实现对二者的全覆盖，那么它可能就不算是一种充分发展的形式，当然在使用上就有较大的局限。当代汉语中，从词汇形式到语法现象，除了有一些起于口语，然后进入书面语外，同时也有许多首先在书面语中出现和使用，然后逐渐向口语扩展。因此，相比于以往其他时期和阶段，新语言现象由口语到书面语和由书面语到口语这样的双向扩展趋向还是比较明显的。

第二节 现代汉语语法教学内容优化策略

一、现代汉语语法教学现状

语法知识的讲授和学习通常在现代汉语课程后半部分进行，在整门课程内容中所占比重较大。但相较于语音、文字、词汇等章节的教学情况，语法知识的教学效果往往不够理想，主要表现在以下两个方面：

（一）重视程度不足

现代汉语课程集中将汉语言作为学习内容，而多数学生自身就是以汉语为母语的习得者，本身具备基本的通用语言能力和基本语感，加上中小学语文教学也对语法讲授稍有涉及，因此，学生对汉语语法学习的必要性普遍缺乏认识，只是把语言学看作进行阅读、朗读、书写工作的辅助课程，对语言现象往往停留在"知其然"却"不知其所以然"的阶段。学生在作文时出现助词（的、地、得）的误用、因词性不清导致的搭配不当、因句法成分和组合关系认识不足导致的句法错误等，暴露出语法知识欠缺的问题。

（二）理论强于实践

汉语语法教学具有知识性、抽象性、理论性较强的特点，不同于语音、文字教学的有声有形，汉语语法教学不够直观。对于语法初学者来说，大量的新概念、新名词需要花更多时间结合语言实例去消化理解，而讲授语法规则的过程就常常占用大量课堂时间，缺乏语言实践活动进行巩固。再加上语法知识是基于语言本体进行研究分析的结果，内容较为艰涩，理解难度偏高，因此，学生对这一部分知识的吸收效果不够良好，学习积极性不高，学习兴趣不浓厚。

二、现代汉语语法教学内容优化的有效策略

（一）教师加强学习，提高自身的语法素质

面对新一轮教学改革，教师应当树立起终身学习的理念，从薄弱处抓起，从实处做起。现代汉语语法是现如今不少教师的知识短板，所以应当将语法学习提上日程。教师可以通过阅读相关书籍，掌握实用精要的教学语法，确保能够及时判断并有效解决学生的语法问题。但是从终身学习的角度来看，仅仅掌握实用精要的教学语法并不够。教师也可以通过专业对话的形式，了解比较全面的理论语法。在与专家学者进行交流的过程中，补充知识短板，完善自己的语法体系。

1.阅读相关书籍

教师应当阅读与现代汉语语法教学相关的理论书籍，掌握实用的语法内容。教师不同于语法研究学者，不需要研究得过深过细，只需要理解并掌握在日常教学中经常用到的比较实用的语法即可。所谓实用的语法，是指学生在课堂学习和日常生活中经常遇到的、在考试中考查的语法知识。比如判断病句成因的试题就需要学生了解词性、句子成分之间的位置关系、句子搭配等。再比如大部分形容词可以受程度副词修饰，形容词还能分为性质形容词和状态形容词，有些性质形容词不能够受程度副词修饰。比如"火红"这个词本身就带有某些程度意义，不能够再受程度副词修饰，所以"很火红"就是一个错误的搭配，而这种错误经常出现在学生的作文当中。

教师要阅读名师名家的语法教学论著或者课堂实录，掌握精要的语法内容。所谓精要的语法，即学生在日常学习中必须要掌握的、精简概要的语法。比如，在了解句子成分、划分句子成分的过程中，学生只需要找出主语、谓语、宾语、定语、状语、补语，能够理解一些长句子的意思就可以。至于插入语、简短双宾语句、兼语句等，不要求学生详细划分。这就要求教师必须首先区分归纳好精要的语法内容。

另外，名师名家的教学论著或课堂实录中都透露出他们对现代汉语语法的观点与教学方法，这些观点和方法是他们在思考与总结了自身多年教学经验的基础上获得的。尤其是课堂实录，更是凝聚了名家名师思想智慧的结晶。通过仔细研读课堂实录的文字材料，教师可以更加清晰直观地了解这些名家名师经过权衡筛选后的比较精简概要的语法内容。在此基础上，教师的语法学习效率会更高，教学语法研究的思路也会更加通透清晰。

2. 进行专业对话

所谓专业对话，就是与专业的汉语语法教师、专家学者进行沟通交流，便于教师了解最新的现代汉语语法信息，填充自身现代汉语语法知识的空白，巩固已有的现代汉语语法基础。这种专业对话可以采用线上与线下相结合的方式，线上可以组建网络交流群，或者申请网课，在线上向专家学者及时了解前沿的语法动向与最新的语法成果，及时与专家学者交流现代汉语语法教学中存在的问题与产生的困惑。线下则可以定期开展语法教学研讨会，一线教师与专家学者、高校教师共同参会，共同研讨语法教学的困境，在这个过程中教师不断加深学习理论语法。

进行专业对话有助于教学一线的教师了解比较系统全面的理论语法。教师加强语法学习，内容不仅要包括实用精要的教学语法还应该包括理论语法。教师在讲解现代汉语语法的时候，有时会陷入讲解不透彻、讲不明白的尴尬境地，追根溯源就是对理论语法不够了解。理论语法是教学语法的理论来源，了解一些相对完整的理论语法能够帮助教师更好地讲解教学语法。

3. 梳理教材和书籍

教师应该梳理关于现代汉语语法的相关教材和书籍，构建两个语法体系。第一个语法体系是符合生学习的语法知识体系，关乎学生要掌握的语法知识内容。第二个语法体系是符合教学的语法教学体系，关乎教师的语法教学安排。因此，教师应该具备整体观念，认读研读教材，系统地梳理教材和书籍，从课后补白出发，钻研课后补白与文章中的语法现象、课后语法习题之间的关系，进而形成一个语法知识体系，根据学生的实际水平、考试要求、课时安排，科学严谨地为学生讲解现代汉语语法知识，最终形成一个语法教学计划。

（二）贯彻基于语言事实的教学理念

语法规则是从大量具体的语言实例中抽象概括出来的。李泉提出的语法教学"事实化"的教学理念可以为现代汉语教师提供借鉴。汉语言专业学生的普遍已具备基础的中学语文知识，因此讲授现代汉语课的语法项目，就不能单纯围绕概念和术语的解释进行，更需要基于规范的言语作品和不规范的语言案例展开，选用典型的语言素材，让学生在实际的观察、鉴赏、评改、训练中提高组织语言材料的能力，即获得语法在语言事实中的实际意义和作用。

教师可以结合典范的文学作品作为学习语法知识点的用例，同时通过大量语言案例对知识点进行理解和检测。例如：

我看见一座座山、一座座山川，一座座山川相连。

我们应该把这个好消息让大家快点儿知道。

如果你认为这样做是对的，那你为什么要后悔呢？

上述例句都属于常见的病句类型，或出自歌词、新闻，或出自日常口语。先通过这些案例启发学生的语法思维，运用词法和句法的知识去解决生活中碰到的语言问题，再通过语言实践让学生在不同的语境下反复理解和感知理论知识。

随着社会生活的进步发展，今天的语言环境和语言形态都有了十分明显的改变，受网络媒体的影响，当前汉语言生活变得愈加复杂。目前在现代汉语教学中，我们发现学生常常为一些新生词语的用法、新出现的语句形式而苦恼，比如曾经昙花一现的生造成语"不明觉厉""人艰不拆"，以及"你调你的控，我涨我的价"这种拆分双音节词的现象，学生初碰到时既不确定其规范与否，也不知道如何用传统的语法知识进行分析。因此，教师还需加强继续学习的意识，对新鲜的语言现象始终保持关注度和敏感度，对国家的语言政策和规范有一定的准确认识。教师结合教学开展相应的语言研究工作，学生在生活中碰到的各种关于语法的问题，都可以用来参考，作为语法研究的选题进行讨论。语法教学不应只关注语言本体的理论讲授，还要更多地关注语言在现实中的使用和变化情况，运用研究成果反哺教学，真正做到讲、学、研一体化。

（三）现代汉语教学与古代汉语、外语的结合

1. 现代汉语教学与古代汉语结合

古代汉语是现代汉语的前身，在现代汉语教学中有针对性地举一些古代汉

语的例子进行比较，可以加深学生对古今语法异同点的认识，也有利于揭示汉语的发展规律。比如，现代汉语介词结构可以放在动词前也可以放在动词后，分别作状语与补语，而古代汉语的介词结构后置句是介词结构位于动词之后，比如古代汉语中的"苛政猛于虎也"，在现代汉语中则表达为"苛政比老虎还凶猛"，其中介词结构"于虎"的位置发生了变化。

2.现代汉语教学与外语结合

在介绍某些语法知识的时候可以有意识地把现代汉语和外语加以比较，从中凸显现代汉语语法的特色，使学生对现代汉语的特点有更深刻、透彻的认识。例如，在掌握语法性质之一即民族性的时候，我们可以多举些汉语、英语、日语等对应的例子，通过具体语句的比较，加深学生对语法民族性的认识，也开拓了学生的眼界。又比如，在介绍词类的划分依据时，因为汉语形态不丰富，只有极少的一部分词有形态标志，但是形态对汉语词类的划分又有一些帮助，因缺乏普遍性，只能作为参考标准。为了让学生更好地理解"形态"这一划分词类的依据，我们不妨举一些学生比较熟悉的英语例子来补充说明。英语中的名词、动词、形容词各有不同的形态变化，例如，"horse、tree"等因有数的变化而归为名词，"high、big"因有级的变化而归为形容词，"collect、remember"因有时的变化而归为动词。

（四）规范语例与不规范语例结合

语法知识点讲授过程中规范语例的作用显而易见，不规范语例的辨析也起到不容忽视的作用。病句辨析是对基本理论知识的运用，是对学生语言能力的一个检验。在现代汉语语法教学中一定要重视病句辨析教学。

现代汉语教材中有几个章节是集中讲解病句的，例如"词类误用""常见的句法失误""复句运用常见的语法错误"等部分。而在讲解其他章节的相关语法知识点时不妨也把不规范语例与规范语例放在一起加以比较。语言要有规则，语法规则讲究规范，但不能一味地强调规则而否定变化。在传授规则的同时把一些常见的不规范的语言现象拿出来让学生辨析，更能收到融会贯通语法知识点的效果，也培养了学生的辨析能力。例如，在讲解名词的语法特征时，其中有一条是"名词前面一般不能加副词"。但在实际语言表达中却存在一些看似名词前面加副词的情况，我们有必要一一举例进行辨析。比如，"很科学""不理想"，这类少数抽象名词如果受副词修饰，那它的词性变了，其中的"科学""理想"已不再是名词，而是形容词了。"他已经大学生了""两个人不一个想法""他就这个态度"，这类句子是一种由于"是"之类隐而不现造成的习用格式，"已经""不""就"等修饰语应看作状语。近年来，出现了一种很灵活的语言形式，如"很王菲的嗓音""很白痴的问题""很职业的装扮"。其中的名词有一个共同特点，即在此名词的语义中，都包含一种描述性语义特征。这种说法在年轻人中流行，但能否广泛流传开来，能否在汉语中扎根，有待整个社会的检验。在对这些本不属于规范用法的语例的辨析中，学生也体会到了汉语的奇妙之处，增强了学生对语言分析和语言研究的兴趣。值得注意的是，教师可以尽量在平时的阅读过程中搜集语例，以增强病句修改的实践意义。同时，在对不规范语例辨析的过程中要鼓励学生发表自己的看法，对其进行恰当的点评。

（五）语例与理论结合

现代汉语课抽象性、理论性较强，没有形象和情节，语例的运用就至关重要。我们可以从两个方面把语例和理论有机结合起来，避免语言结构规则的学习和语例分析相脱节。

1. 从例子引出理论

语法是抽象的，语例是具体的，在开始某一语法知识点讲授之前，教师不妨有意识地和学生一起举一些生活中的例子，引导学生对例子加以分析、归纳，从中引出所要讲授的理论知识点。例如，时间副词和时间名词都表示时间，又都常作状语，很容易混淆，如何分析它们的区别？我们可以先让学生用"将来"和"即将"这两个词分别造句。在学生造出来的句子中，我们进一步引导学生分析句子中这两个词的语法功能，通过分析我们发现，时间副词只能作状语，而时间名词则可作主语、宾语、定语，时间名词还可以在介词后面构成介宾短语，也可以跟"是"构成"时名是时名"的格式，而时间副词则不能。所以，当判断一个词是时间名词还是时间副词时，上述几项中，只要一项符合时间名词的条件，这个词就是时间名词。这样的一个让学生共同参与的先举例后分析的过程显然可以让学生把相关的语法知识点理解得更透彻。

2. 用例子印证理论

介绍完某一语法知识点，不妨再举一些例子让学生进行分析。从语言事实出发，逐步推演出结论，引导学生完成对语例的分析，从而培养学生初步的分析语言的能力。这样的操作适合大多数语法知识点的学习。例如，关于区别时间副词和时间名词这一知识点，我们可以再对"曾经"和"过去"这一组词进行辨析，让学生通过分析这两个词运用的具体语句进一步领会时间副词和时间名词的区别。需要注意的一点是，用来印证语法理论让学生随堂分析的这些例子一定要从生活中来，而且尽量要新鲜，体现实用性和趣味性。如此，学生才能保持运用语法理论分析实际语例的热情，熟练掌握各种分析方法。

第三节 现代汉语语法教学模式优化策略

教学模式可以定义为在一定教学思想或教学理论指导下建立起来的较为稳定的教学活动结构框架和活动程序。作为结构框架，突出了教学模式从宏观上把握教学活动整体及各要素之间内部的关系和功能；作为活动程序，则突出了教学模式的有序性和可操作性。针对现代汉语语法教学的现状，运用科学合理的教学模式有利于促进现代汉语语法教学的科学发展。

一、设定科学合理的教学目标

教学任务的执行是围绕着教学目标的实现而开展的，科学合理的教学目标的设立，是任何学科教学良性开展的基础和保障。现代汉语语法教学之所以面临很多困难，主要是由于现代汉语语法教学目标不明确和目标设定不合理。现代汉语语法教学的最终目的是为现代汉语学科教学服务，而现代汉语学科的教学目标应该充分体现现代汉语"工具性"特点。现代汉语的"工具性"特点，要求现代汉语语法教学必须有很强的实践性，一味地强化理论知识，只会提高现代汉语语法教学的难度，使得现代汉语语法教学无法摆脱"艰涩难懂"的"印象"。比如，针对现代汉语课程，有必要设定若干阶段性目标，将这些阶段性目标分化在现代汉语语法教学的过程中，循序渐进，不急于求成。现代汉语语法教学的目标设定既要稳固基本理论的充实和发展，同时必须兼顾实践运用，使得现代汉语语法教学既不完全脱离理论支撑，弱化学科自身发展，又不完全倾向具体实践。因为任何学科的发展都是基础理论与实践相结合的，基础理论是根基，实践操作是表现。二者缺一不可，所以教师要科学地设定现代汉语语法教学目标，既不能"畏惧人言"，也不能"惧怕困难"，更不能脱离学生习得情况的具体要求。只有充分考虑这些因素，设定科学合理的教学目标才能建立科学的教学模式，促进现代汉语语法教学科学化发展。

二、探索合理的操作程序

科学合理的现代汉语语法教学模式的设立，需要科学、有序的操作程序执行教学行动。在现代汉语的教学过程中会产生很多值得学习和记录的优秀教学案例，这些优秀的教学案例中包含着众多现代汉语语法教学模式构建的可执行操作程序，这些程序是否可以广泛传播形成"经验模式"，是否有重大问题需要反思是值得思考的问题。教学案例记录的是教学模式的具体操作程序，优秀的教学案例提供的是合理有序的操作程序，失误的教学案例反馈的是操作程序不当的具体因素。在现代汉语语法教学材料和教学进程中，探索合理的操作程序对于构建科学的现代汉语语法教学模式非常重要。

三、创设有效的实现条件

教学模式实现条件的主要因素有教师、学生、教学内容、教学手段、教学环境、教学时间等。我们要充分考虑所有实现因素，做到不遗漏、不丢失、不主观回避困难因素。在这些主要因素中，教师很容易把握的是教师、教学内容、教学手段，往往容易忽略学生、教学环境、教学时间等因素。因此创设有效的实现条件就必须充分考虑所有起作用的积极因素。

四、建立科学合理的评价体系

我们要建立属于现代汉语语法教学的评价体系，针对现代汉语语法教学的具体特点和实际情况设定合理有效的评价标准和评价方法。只有"因地制宜"地设定科学合理的评价方法，建立科学合理的评价体系，才能使现代汉语语法教学在研究现代汉语语法教学行动过程中"有理有据"。

五、在教学中注重以目标为导向

传统的语法教学模式对知识点的讲授多是直接对概念、术语进行解释说明，由于多数汉语言专业的学生本身已具备一定的语法基础，这容易降低学生的学习兴趣和好奇心。因此，教师在教学中应当以学生为中心，以重点教学目标为导向，注重培养学生自主学习和主动思考的能力。教师在了解学生语法水平的基础上，对教学内容的安排要有所取舍，充分调动和利用学生已有的语法知识，以引导、点拨的方式来讲授较难的知识点，既能够降低教学难度，还可以循序渐进地激发学生学习的主动性，从而提升教学效果。教师在选用教学案例展开教学时，可以为学生创设相应的语言情境，通过案例抛砖引玉，反复对比，以点带面，鼓励学生学会自我思考、自我总结。陆俭明介绍马真教授讲解"常常"和"往往"的区别一例非常精彩，值得借鉴。

六、突出学科交叉的教学特色

现代汉语作为一门基础学科，其价值更多地体现在与其他学科的交叉应用上。这就需要打破传统理论教学的封闭性，形成语言与其他学科相结合的开放性教学模式，为学生将来走上工作岗位打下良好的基础。比如，形成语言与军事相结合的开放性教学模式。军事社群的语言具有一系列区别于其他社群语言的鲜明特点。因此，依托岗位需求和军事语言特色，教师在选取语言素材时可适时以军事指挥、管理、文秘、联络等特殊文体的语料作为案例引导，激发学生的语言认同感。此外，军事语言中如"反映时代特征的标准化军语、精确表达的军用文书语言、符合条令要求的日常制式用语"等，其专业性、系统性、精确性和高效性都有别于一般语言，因此在讲授特殊句型、句式时，还需结合用语特色进行说明。

第四节　现代汉语语法教学方法优化策略

现代汉语是中文系的一门专业基础课，着眼于学生语言文字水平和应用能力的培养。语法是语言的结构规则。掌握了现代汉语语法规则，可以更自如地运用句子表达意义。在实际教学中，现代汉语语法的教学效果却不尽如人意。现代汉语语法教学效果的好坏很大程度上取决于教学方法是否得当。现代汉语语法教学方法优化策略，主要包括以下几个方面：

一、合理运用单一教学法与综合教学法

现代汉语语法教学过程中运用的教学方法，例如：讲授法、提问法、论证法、互动法、讨论法等，都是被广泛认可应用较多的教学方法。除了以上教学方法外，根据教学方法基本理论和分类方式的不同，还有很多不同的教学方法，例如：相互作用法、个性化法、实践化法、呈现法、强化法等。这些方法的运用，要充分考虑实现条件因素，哪种方法适合就用哪种方法或哪几种方法，一定要摒除"综合利用多种方法就是好方法"的错误思想。在教学过程中，一种现代汉语语法规律的讲授往往只需要运用一种教学方法，运用多了反而达不到教学效果。但是在讲授语法规律时又特别适合充分举例且运用多种教学方法，使学生充分了解和掌握语法知识。因此，运用单一教学法还是综合教学法应该"具体问题具体分析"，根据具体情况选取有效的教学方法为现代汉语语法教学服务。

二、重视知识与实践相结合

现代汉语语法教学有时会陷入"死局"，很大程度上是因为现代汉语语法多为规律性理论，许多教师在授课过程中重视知识传授，而忽略实践应用，即

使有实践应用也仅限于考试，学生没有锻炼、反思、感受、学习的时间和空间，往往对现代汉语语法学习没有兴趣。现代汉语的"工具性"特点，充分说明了实践的重要性，因此教师在教学之余，应该延展课堂、增加教学活动、拓宽实践领域，将学练相结合才能使现代汉语语法教学走出"困境"。

三、合理运用图示理论进行语法教学

近年来，图式理论开始应用于现代汉语教学之中。"图式"是认知心理学领域中的一个重要概念，是人们理解机制进行信息处理时所依赖的认知单元，图式激活能大大加快语言理解的速度，使复杂的知识逻辑化、条理化。在新一轮课程改革实施过程中，教师应该充分利用已有资源，用新理念、新眼光来审视知识。图式理论的应用，可以为现代汉语语法教学注入活力。运用图示理论进行语法教学有以下几点作用：

1.有利于调动学生学习语法的积极性

传统教学活动集中于陈述性知识的讲解，未能充分激发学生参与课堂的主动性。相比较而言，在图式理论指导下的语法教学，体现出语法知识体系的直观性和科学性，更注重锻炼学生的理解能力和思维能力。

2.有利于提高学生学习语法的有效性

在图示理论指导下，教师能有针对性地了解学生目前所掌握的图式状况，灵活设计活动补充学生所缺的图式，帮助学生把握规律，从而提高学生的语言应用能力和知识迁移能力。

3.有利于培养学生良好的语言学习习惯

语言的构建与运用是学生核心素养发展的基础保障，也是教学的核心范畴。图式理论注重培养学生良好的语言学习习惯，传授给学生更多的程序性知识。久而久之，学生脑海里能够形成系统的知识结构，成为学习语言的一把"万能钥匙"。

四、教师多为学生提供实践机会

现代汉语语法对学生来说比较抽象，理解起来也比较困难，学生的学习参与度很低。所以教师要努力创造各种机会，提高学生的语法学习积极性。教师可以让学生在文章中寻找例句，用划分句子成分、品味赏析重点字词的方法，提高学生的语法水平，帮助学生更好地领会文章的微言大义。在此基础之上，教师可以让学生自己总结语法的概念、相关用法等，提高学生语法学习的参与度，也减少学生仅凭语感理解文章的误差。教师可通过以下几种途径为学生提供实践机会。

1.教师指导，学生自学

现代汉语语法学习比较枯燥的原因之一是教师包揽了所有的任务，习惯于直接给学生例句，学生被动地划分句子成分、理解句意，缺少语法学习的积极性。有时，教师找的例句非常典型，主语、谓语、宾语、定语、状语、补语很明显，非常容易划分。但是在具体的语段中，很少会遇到这么容易划分成分的句子，这直接影响了学生学习现代汉语语法的积极性。因此，语法学习应当让学生成为主动者，教师说明要求，让学生自己寻找或者编写语法学习的例句，在这一过程中提高学生的参与度，提高学生语法学习的积极性。

此外，教师也应该督促学生找一些现代汉语语法试题进行练习，弥补教材中试题缺乏的问题，巩固学过的知识点。学完一个语法补白后，教师可以指导学生寻找对应的知识点进行练习。比如，学完"名词"这一语法概念以后，可以寻找关于名词排列顺序的句子，以修改病句的方式让学生加深对"名词"的理解。

2.教师引导，学生自己总结

虽然课程标准中明确提到不应要求学生死记硬背相关概念定义，但是学习新知识必须要了解相关的定义，定义的语言简洁精到，是学生了解新事物的途径。虽然不必死记硬背概念，但是要对概念有基本的了解。学会语法的相关用法以后，也能避免学生仅凭语感来理解文章的意思。

教师在讲授语法的过程中，让学生自己归纳总结以后，教师可以循序渐进，继续引导学生理解句子成分。这样不仅丰富了学生的学习方式，更提高了学生语法学习的积极性，学习效果也明显提升。最重要的是，掌握了一定的语法规则和语法相关用法，学生理解文章又多了一个途径，能减少仅凭语感理解文章的误差。

3.教师主导，多元化评价

仅仅靠考试来督促学生学习现代汉语语法作用有限，所以对现代汉语语法掌握情况的考查应该多元化，而教师应该发挥主导作用。在课堂上，教师可以随堂出题测验学生的现代汉语语法掌握情况，通过课堂考试的形式督促学生在日常学习中掌握现代汉语语法知识，也通过考试结果使学生及时了解自己的语法水平。

考试成绩仅仅是结果，语法学习不仅要关注结果更要注重过程体验。教师可以每个月利用一到两个课时，开展多样化的专题学习。例如小组合作结合生活实际探究某个现代汉语语法现象、全班讨论英语与汉语语法的异同、周末开展线上网课学习、汇报现代汉语语法学习成果、发表学习心得等，让学生真正了解现代汉语语法的体系、清楚英语语法与汉语语法的差异、理解现代汉语语法学习的意义，从而爱上现代汉语语法学习，在潜移默化中提高现代汉汉语语法水平。然后小组成员自我评价、互相评价并且打分，教师给予过程指导和结果评价，确保学生更直观地了解自己的语法掌握情况。

五、讲授与讨论结合

课堂互动环节非常重要。讨论是课堂互动的方式之一。可以安排集中的讨论，也可以随时进行讨论。集中的讨论主要表现为教师提出问题，学生回答并讨论。句子分析是语法教学的一个重点，分析句子的时候可以充分调动学生参与的积极性。这就要求教师要能有技巧地对学生加以提示和引导，让他们边思考边回答问题，边讨论边寻找答案。例如："（一个作家，）无论他观察生活的能力多强，写作水平有多高，没有对生活的全面了解和积累，也是难于写出作品的。"如何对这个多重复句进行层次划分呢？不少学生认为第一层应该划在 3、4 两个分句中间，是条件关系，因为他们看到了"无论"这个表示条件关系的关联词，并且他们看到了第 4 个分句"难于写出作品"这个结果。那么我们首先可以肯定学生对于"无论"这个关联词的判断，同时也抓住时机再问学生句中"无论"这个词统辖了哪些分句？学生的回答是统辖了 1、2 两个分句。那么第 1、2 两个分句表示条件，第 3、4 两个分句就表示结果，所以 1、2 分句与 3、4 分句之间是第一层次。如此一来，这种把讲授和讨论结合起来的教学方法就能让学生更深刻地掌握分析具体句子的能力。

教师也要能灵活应对学生的随时发问，抓住时机展开即时讨论。例如，在介绍副词的种类时，曾有学生问："教材中把'还'归为时间副词，可是我们平常总说的'还好'中的'还'并不表示时间呀？"此时，教师就可以以"还"为例，让全班同学一起来造句，比如"他还不来""情况还是那样""你还要怎么样""成绩还行"等。我们发现，这些句子中的副词"还"分别表示"时间""情态""语气""程度"。就此，我们可以得出结论：在词的分类中，同一词形可能属于不同的小类，少数副词可以分属好几类，究竟归属哪一类，要看它在具体语境中所表达的意义来决定。总之，教师应注重在课堂上和学生对话，调动学生的积极性和自主性，营造语言研究的良好氛围，培养学生思考问题、解决问题的能力。

六、讲授与练习结合

现代汉语语法教学中普遍存在的问题是"学生很认真地学习了语法知识，听教师讲授时觉得很清楚，可一到做练习或考试时就糊涂了，不知道该如何下手解答，更甭说用学到的语法知识去解答实际生活中碰到的语言现象"。加强练习是解决这一问题的行之有效的办法。练习很有必要，而且要多练习。多练，同时也能培养学生的语言敏感度。但是，练习不能流于形式，练习要达到巩固知识点、学会运用的目的。在练习中要引导学生能举一反三，学会知识迁移和类推。因为"语言教学的核心，是有效地帮助学生完成从知识到技能的转化"。所以，汉语语法教学中练习的设计、练习的操练、练习的讲解都非常重要。练习需要精心设计。每节课都有各自的重点和难点，教师在备课的时候就得根据这些重点和难点编写相应的练习，可以有针对性地选择教材中"思考与练习"里面的题目，也有必要补充一定量的其他练习。练习操练要有技巧。在讲授完相关的语法知识点之后，一定要让学生真正动脑且动手。练习可以先让学生当堂做，并说明会让个别学生到黑板前来做，目的在于刺激学生的解题积极性；得知学生基本完成后，让个别学生到黑板前来做，其他学生检查一下和自己的解答是否一致。安排个别学生到黑板前演示是为了接下来的纠错讲解。

练习讲解一定要到位。学生做练习是在识记了所学语法知识点的基础上进行的，在练习中对知识点又有了进一步的领会和理解，但是要达到对知识点的完全把握还得通过教师对练习的讲解。所以，练习的讲解不能马虎。教师可以从学生在黑板上的解答入手，分析出现的错误，引出正确的解题思路，并最终完成解答过程。在这样一个渐进的讲解过程中，学生也加深了对所学知识点的理解，同时也检查并纠正了自己出现的错误。

总之，课堂讲授的过程中要适时地让学生进行练习。学生对有关的语言材料做了分析和思考，比光听教师讲解印象要深刻，知识点的巩固程度更高。

七、多媒体课件与粉笔书写结合

多媒体课件在汉语教学中的作用是显而易见的，它调用方便，可根据需要重复演示，加深学生对内容的印象；它可以呈现更多的语例和相关资料，扩大教学容量；它的文字规范清晰，有利于学生对知识信息的准确接收。所以教师应充分利用多媒体课件，提高教学效果。

但是，运用多媒体教学，要注意准确把握信息量，不能把所有的教学内容都放到课件里，这样会使得学生忙于抄笔记而没能认真听教师的讲解，教学效果是不可能好的。所以，课件所呈现的内容要精练，要能体现出重点和难点。

同时，要把握好课件内容展示的方式，可以模拟传统粉笔书写速度，不要一下子把整个页面的内容都呈现出来，而是一部分一部分地呈现。当呈现一个知识点后，接下来进行讲解，再呈现另一个知识点，再接着讲解，把展示的内容和讲解紧密结合起来。如此，既能保证学生做笔记记下重点，又给予学生认真听讲并展开思考及理解消化的时间。

有时候，课堂上学生会举出一些他们的例子，这些例子不在课件设计范围内，教师不妨把这些句子写在黑板上，和学生共同分析，这样会比单纯口头讲解效果更好，也能提高学生学习的自主性。适时地安排学生到黑板前做练习同样是对传统粉笔书写的充分利用。所以，教师在充分优化教学条件的同时，依然可以恰当地运用传统教学方式，让课堂教学更加丰富多彩。

第六章　基于信息技术的现代汉语教学实践

本章内容为基于信息技术的现代汉语教学实践，主要从四个方面进行介绍：转变教育观念，发挥信息技术的优势；灵活运用信息技术；信息技术在现代汉语教学中的应用；网络语言对现代汉语教学产生的影响。

第一节　转变教育观念，发挥信息技术的优势

教师作为教育活动的直接执行者，在教学活动中起关键作用。教学改革关键在教师，教师的教学观念决定了课改走向，所以教师建立科学的教学观念是推动现代汉语教学改革的前提。现代汉语有一定的理论性，教师总是担心讲得不全、不深、不透，从而把控着整个课堂，让学生很难参与进来，从而造成教师唱独角戏的局面。在信息爆炸的当下，还把学生放在被动学习地位的理念是不可取的。现代汉语教师只有转变教学理念，才能对现代汉语教学改革起到积极的推动作用。

传统的教育观念认为教师是教育活动的重要因素，教师在整个课堂教学中具有突出的权威，在整个教学过程中具有较强的控制性，教学设计强调以教师为中心，这使得我们的教师在课堂上往往只注重知识的传授，而忽视了对学生能力的培养。就目前的教学现状来看，一些学校的教师尽管采用了现代化的教学手段，但沿用的仍是传统的教学观念。授课时，教师主要是操作鼠标，将大量的教学内容搬上屏幕，通过电脑传递信息，原来的"人灌"变成了"机灌"，这可谓"穿新鞋，走老路"，既不利于学生主体的参与，也不利于教师主导作用的发挥，教学质量自然难以得到保证。在探索信息技术环境下的现代汉语教学改革实验过程中，我们的教师深刻意识到要提高教学水平，就必须转变传统的教育观念。我们的教学活动必须建立在学生的认知发展水平和已有的知识经验基础之上，要建立起以学生为中心的、能与教育信息化学习环境相适应的全

新的教育理念；我们的学生应该是学习的主人，我们的教师应从传统意义上的知识的传授者转变为学习的组织者、引导者和协调者。因此，在教学改革中，我们强调的不是"为技术而技术"，而是充分发挥教师在信息技术环境下的主导作用，注重从学生的角度去设计与实施现代汉语教学过程，关注学生在学习活动中所表现的情感与态度，注重培养学生自我学习及获取信息和知识的能力。

教学是教师和学生双方的事，实际上任何外在的教育力量和因素只有内化为学生的自觉需要才可能真正奏效，任何教育过程在本质上都是客观因素向主观因素转化的过程。在现代汉语教学改革中，我们深刻地体会到学生要适应现代信息技术的学习环境，就必须转变他们自身的学习观念，要使学生真正理解学习的不可替代性，真正懂得必须对自己的学习活动和学习结果负全部责任。只有学生意识到自己是学习的主人，才能摆脱以往对教师过分依赖的陋习，才能消除传统学习中等、靠、要的不良习惯意识，努力从自我封闭的、苦行僧式的学习中解放出来，投向开放的、充满趣味和挑战的学习中去。因而，在教学改革过程中，一方面我们的教师要注重转变自己的教育观念，牢固树立以学生为主体的意识，充分利用现代化的信息技术，最大程度上激发学生的学习兴趣和思维活动，努力培养学生的创新精神和实践能力；另一方面我们要加强对学生的宣传教育工作，积极向学生介绍建构主义的学习理论，深化学生对学习本质的认识，注重引导学生正确利用现代化信息技术，使他们能有效地根据自己的学习能力借助于先进的技术手段和丰富的网络资源去主动学习。通过我们的努力，不仅学生获取信息、运用和处理信息的现代化素养得到了普遍提高，更重要的是他们的学习观发生了深刻的变化。我们的学生从以往的"要我学"变成了"我要学""我爱学""我善学"，由过去被动接受知识的"水桶"转变成主动接受知识的"处理器"和新知识的"生成器"。

多媒体技术是现代信息技术在教学过程中的典型应用。利用多媒体技术将教学内容以文字、图像、声音、视频等媒体形式呈现出来，改变了"黑板＋粉笔"的传统教学模式。如果教学过程中教师虽然采用了现代教育教学手段，但只是将教学内容通过屏幕展现出来，通过电脑传递信息，由以前的"人灌"改为"机灌"，多媒体技术教学手段的优势就不能充分发挥出来。在信息技术的教学环境下，运用多媒体教学，整个教学过程容易按照事先设计好的课件程序化进行，而忽略师生的交流，减少师生的互动。要想提高学生的主体参与性，我们必须转变教育观念，发挥教师在现代信息技术教学环境中的主导作用。在教学过程设计中要从学生的角度考虑，注意师生之间的交流和互动。教师采用多媒体技术进行教学，由于单位时间内信息量增加，有可能导致学生忙于记笔记而忽视教师讲解的情况出现。"现代汉语"课程的讲稿中通常包含大量的文字信息，如果将这些内容罗列出来，就失去了信息技术的优势。所以，在教学课件的设计上，要注意内容精练。教师可以利用信息技术设计集文字、声音、图像等媒体信息于一体的生动场景，将教学内容有声有色、有动有静地呈现给学生，提高学生的学习兴趣。

信息技术的应用在"现代汉语"课程的教学过程中起到了促进作用，同时也应该注意到它不能完全取代"黑板＋粉笔"的教学手段。比如，采用多媒体技术在教学过程中即兴对教学内容进行修改、标注就不方便、不灵活。所以，教师在教学过程中要发挥主导作用，注意学生的听课状态、注意学生是否适应多媒体教学方法等问题，采用灵活有效的手段，以提高教学效果。

第二节 灵活运用信息技术

一、利用信息技术优化教学内容

现代汉语教学内容的优化必须要与其他语言学教学配合才能实现。语言学教学在教学内容上互有交叉，这一直是困扰语言类教师的问题。交叉部分讲得太多，害怕学生在上其他语言学课时因为学过而产生厌倦心理，并且还占用大量学时；讲得太少，又怕其他语言学教师也存在这种心理而忽略，从而影响了学生对知识的把握。

面对这种现象，相关语言学教师应该整合力量，对语言学教学的交叉部分进行梳理，然后根据各自的教学目标进行选择。这样既可以避免教学资源的浪费，又可以避免学生因学过而产生厌倦心理。此外，现代汉语教学内容还应反映时代特点，这不仅指在教学内容中应有能反映时下语言现象的研究成果（现代汉语的理论要能解决当下的语言问题），还指其语言用例也能反映出当前的语言现象和语言习惯。教学内容只有不断更新，才能适应教学定位的需要，才能符合培养实用型语言人才的需要。

在"现代汉语"课程的教学过程中，采用现代信息技术以丰富多彩的教学内容形式构造生动形象的教学场景，有助于提高课堂教学效果。

（一）现代信息技术手段在语音教学中的应用

语音教学是"现代汉语"课程教学内容中的重要组成部分，该部分内容的教学目标是使学生掌握"现代汉语"中语音的基本理论、基本知识，培养学生语音运用、分析能力和普通话运用水平。在语音教学中，让学生掌握朗诵的技巧，要突出语音的实践性和应用性，教师只凭理论的讲授，无法达到满意的教学效果。

比如，在讲授发音原理时，学生常常觉得枯燥、抽象、不容易接受，特别是结合人体发音器官讲授每个音的发音部位时，学生更是难以理解。如果运用PPT、Flash 等现代信息技术手段将人体发音器官图用课件或动画的形式给学生演示出来，就可以清晰地说明辅音中的舌尖前、中、后在口腔中的阻碍位置，单元音发音时的舌位点、塞音、擦音、塞擦音、鼻音、边音的形成和区别，复韵母和鼻韵母的发音要点，等等。通过影音、图像的对比，使学生更好地掌握这部分内容。同样，朗读也是正确掌握发音、养成正确发音习惯的一个重要途径。"现代汉语"课程语音的教学，能培养学生正确的朗读技巧。语音理论是建立在有声语料基础上的，在"现代汉语"课程的语音教学过程中，只凭教师在课堂上讲授是不够的，同样需要视、听、说全方位的配合，借助音像等现代信息技术手段，才能达到良好的教学效果。在现代信息技术的教学手段下，教师可以给学生提供一些经典的现代文学作品的朗读影音素材作为模仿学习的范本，让学生从名家的朗读材料中获取朗读技巧。通过模仿学习，有助于提高学生的普通话水平和朗诵水平。

（二）现代信息技术手段在文字教学中的应用

文字是一种重要的交际工具，是"现代汉语"课程教学中不可缺少的重要内容，通过对文字相关内容的讲授，增强学生对文字的运用能力。在文字部分的讲授中，文字的多样性仅通过"黑板＋粉笔"很难在有限的时间内展现出来，而多媒体课件能直观、立体地体现文字演示方面的优势。比如，汉字的形体演变过程，甲骨文、金文、篆书、隶书、楷书的变化，还有行书和草书等，通过多媒体课件用动画形式展现出来，学生的印象就会更加深刻；汉字的笔顺、结构，可以通过汉字教学软件动态演示出来，增加直观性；同样，经典的书法字帖，比如李斯的小篆、王羲之的行书等，以及讲解中国文字的影片，如《中国甲骨文》《汉字五千年》《探秘中国汉字》等，可通过多媒体技术应用于课堂教学将其呈现给学生，使学生了解汉字的源远流长及汉字的书法艺术，激发学生的学习兴趣。

（三）现代信息技术手段在词汇教学中的应用

词汇是语言的基本构成要素，该部分的教学是"现代汉语"课程教学中不容忽视的一个环节。词汇在语言中最为活跃，它能直观地反映社会生活的变化。

词汇部分的教学我们应该关注新词汇、新的语法现象研究的成果并与学生现实生活联系起来，提高学生的学习兴趣。教师可以借助网络收集相关语料，利用信息技术的优势在课堂上以文字、图片、影音等多种媒体形式演示出来，提高课堂教学效果。

（四）现代信息技术手段在修辞教学中的应用

修辞是现代汉语课程教学过程中学生较为感兴趣的部分，它突出对语音、词汇、语法的综合应用。在其教学过程中要密切联系生活，借助网络媒体，将富有趣味的网络语、流行语等语言通过多媒体技术引入课堂教学。相同的语言有不同的表达形式，具有不同的表达效果，也就是"说话、写文章时，要有'一句话，百样说'的意识"。如何将这个理论知识通过场景形象地表现出来呢？现实生活中的场景很难捕获，我们可以使用艺术影片中的片段在课堂上播放出来。如在影片《预见未来》男女主角结识的桥段中，男主角运用了不同的话语尝试了不同形式的"搭讪"，只有最后一种是有效的。如此，修辞和语境之间的关系得到了良好表现，理论知识与实践操作获得了很好的结合，也调动了学生学习的积极性。

二、利用信息技术建设网络教学平台

现代汉语课程网络教学平台的建设要与课程的教学内容联系起来。网络教学平台上的资源要在包含课堂教学全部内容的基础上，容纳更多的课堂教学中不能一一呈现的教学资源。这样，才能促进学生的自主学习，通过知识的扩展拓宽学生的视野。

现代汉语课程网络教学平台的建设，关键在于课程资源的整合。基本教学资源可以包含课程教学大纲、授课计划、多媒体课件、电子教案、习题解答等内容，这是辅助学生开展自学的基础；课程的扩展资源可以包含课程相关的图片、音频、视频、网络链接等内容。同时，针对要考硕士研究生的学生，扩展资源应收集整理高校相关专业的考研信息，如往年考研试题、参考书目、复习资料等；针对爱好语音的学生，扩展资源应收集整理国际音标、汉语拼音软件及发音的影音资料；针对要进行普通话水平测试的学生，扩展资源应收集整理有关测试的练习资料、普通话朗读的示范内容；等等。在现代汉语课程网络教学平台建设中，也要体现教学平台的交互性。在教学平台建设过程中，应建立专门的课程讨论区、在线答疑区，学生在讨论的过程中可以各抒己见，相互学习。网络教学平台重在建设，关键在于应用。教师在课堂教学中要引导学生使用教学平台，比如，要求学生通过计算机、手机等通信设备登录教学平台提交作业、进行自我测试等。

三、利用信息技术促进师生课外交流

"独学而无友，则孤陋而寡闻。"学生在课外自主学习中，也要相互交流、相互探讨、协作学习。随着现代信息技术的不断发展，学生可以使用计算机或移动通信设备，比如手机，随时随地接入网络，利用网络聊天工具进行交流。师生之间可以使用手机、微信、QQ、微博、E-mail等工具建立联系，利用微信群、QQ群、微博等发布有关学习的内容，也可以直接参与讨论，发表见解。

引入现代信息技术建立现代汉语课程网络课程教学平台，可以促进课程教学资源的整合，引导学生正确使用这些资源。利用现代通信技术手段，可以实现师生的交流互动，最大限度地发挥学生的主观能动性，提高学生的自主学习能力和对现代汉语课程学习的积极性。

第三节　信息技术在现代汉语教学中的应用

一、慕课在现代汉语教学中的应用

（一）慕课的兴起

"慕课"是新时期基于计算机技术和互联网技术兴起的新型教学模式，互动性、开放性是该教学模式的最大特点，应用这种教学模式能够最大化地激发学生学习的主观能动性。教师要改变传统的教学观念，把"慕课"教学引入现代汉语教学体系中来，提升现代汉语的教学效果。"慕课"一词的英文缩写是"MOOC"，具体的含义就是大规模在线开放课程，突出了互联网的特点，将这种简短的"微课程"作为载体可以有效地提升教学效率。

"慕课"2012年起源于美国，当时美国的两所大学设置了三门网络课程，吸引了学生极大的关注，在线注册人数很快达到了10万人，这种覆盖规模是传统教学课堂无法达到的，当年美国的很多高校开始效仿这种模式，在网络上开展免费课程，提供更加全面的学习内容。到了2013年，我国开始引入"慕课"的教学模式，国内的很多知名大学都进行了一定的应用，并且与国际的"慕课"平台进行接轨，许多专家学者看到了"慕课"的发展前景，针对"慕课"教学模式的研究著作开始大批量出现，很多人都认为"慕课"的兴起对于传统教育

模式有很大的冲击。此外，我国政府部门还对网络教学模式等进行了充分的肯定，不断地依托互联网进行教学变革，促进了我国教育水平的提高，教学效率有了显著的提升。

（二）慕课对现代汉语教学的积极影响

1. 优化了教学资源

现代汉语教学内容主要包括绪论、语音、语法等，十分繁杂精深。在传统教学过程中教师需要花费大量的精力与时间，而教学效果还无法确定。而慕课教学平台所拥有的相关资料能够对传统教学的单一性、封闭性进行弥补，进而对教学资源进行有效优化，可以使学生的学习不再被书本限制，有效拓展学生的眼界与知识面，帮助学生奠定良好的学习基础。例如：在"网易公开课"上李索老师主讲的"汉字的传统文化解读"通过图文并茂的方式对汉字形体所具备的文化信息进行阐释，不仅可以让学习者对汉字进行有效了解，还能够增强其对汉字的喜爱之情。如在现代汉语教学中对文字一章进行讲解时，可对该慕课中具有相应代表性的片段进行选取，并组织学生进行观看，能够引导学生在实际学习中投入相应情感，并充分增强学生对文字背后所存在的文化的挖掘意识，进而让学生获得源源不断的想象力以及创造力。利用学生喜欢的教学形式对知识内容进行展现与延伸，必定可以使教学获得事半功倍的效果。

2. 发挥了学生的主体作用

传统的现代汉语教学过程通常以教师的教授为主，教师为主体，怎样将枯燥乏味的知识通过深入浅出的方式教授给学生是教师面临的重大考验，而大部分学生只是一位听众，只能被动地接受。以慕课的形式教学，教师可以通过现场直播的方式对知识点进行讲授，之后引导学生通过观看教学视频开展学习，并组织学生就教学内容进行定期的小组探讨。学生遇到问题时，可以将问题集中起来交给教师，教师可以集中进行解答。同时每个学生都需要在课前对发言提纲进行设计，并在讨论之后进行上交。最后教师将优秀的发言提纲上传到网上，以供学生之间进行切磋，促进学生的共同进步。

3. 提供了开放的学习平台

"慕课"在全球范围兴起很大的一个原因就是"慕课"教学的开放性，它的这种开放是不受时间和空间限制的，很多的教学资源对所有人员开放，促进了教育资源一体化和公平化配置的发展。只要具备网络，所有人都可以在慕课网站上进行学习、交流和探讨，不懂的知识可以进行重复性的学习。目前慕课教学模式推崇的开放式教育受到了人们广泛的追捧，符合新时期教育变革的理念，学生可以根据自己的时间自由安排学习时间，有助于提升学习效率。

4. 丰富了教学模式

慕课的教学模式非常灵活多变，教学手段非常丰富，其中慕课以微课堂为教学载体，结合多媒体技术进行知识教学，利用多媒体技术实现线上学习、复习、测试以及评测，可以帮助教师全面地把握学生的学习状况，有针对性地展开教学。慕课微课堂教学可以为学生精简知识点，每一个知识点可以构成一堂微课堂，有助于加深学生的印象，学生也能够积极地参与到微课堂中去，激发学习的兴趣。

在传统的现代汉语教学课堂中，教师只是单纯地以教材为中心展开教学，学生的学习主动性难以激发，而且受到时间和空间的限制影响比较大，而慕课教学可以改变这一现状，丰富现代汉语教学模式的手段，突破时间和空间的束缚，国内外很多的教学资源可以进行共享，学生的眼界也能开阔。应用慕课教学模式能够丰富现代汉语课程的教学模式，扩展现代汉语的教学内容，增加学生的学习兴趣。比如，可以通过音频的方式朗诵《蜀道难》《水调歌头》，通过不同情绪和语调的朗诵来增加文化的渲染力，营造汉语教学的课堂氛围，调动学生的情绪，使学生主动学习现代汉语文化的精髓，体会现代汉语的博大精深。

5. 增强了互动性

慕课教学的一个重要特点就是它的互动性，它能够有针对性地设置知识点，根据学生的学习兴趣制作学习课程，并且在现有的知识基础上进行延伸和发展，培养学生思考问题、解决问题的能力，进行自主式学习。在慕课教学中，学生可以通过游戏等方式进行学习，增加了学生与知识的互动，学生遇到不会的问题可以求助，增加了学生与教师、同学之间的互动，从而加深学生对知识的理解，激发学生的学习热情和学习兴趣。

6. 促进了现代汉语教学的系统化

在现代汉语教学中应用慕课教学模式，有助于教学内容的系统化，通过慕课教学模式，可以把现代汉语可以分解成很多的模块，帮助学生梳理知识点，促进现代汉语教学的系统化。比如，在现代汉语中教学"文字"的章节，原本需要六节课才能完成，但是通过慕课这一教学模式，我们可以将其分成认识汉字、了解汉字结构、汉字的联系三个模块，通过微课堂的形式进行教学，能够更加系统地梳理现代汉语的知识点，由浅入深，层层递进，让学生能够从基础上认识汉语，巩固汉语基础，学生也能够在学习汉语的过程中培养发散性思维和创造力。

7.促进了现代汉语教学的变革

慕课教学模式包含丰富的教学手段，如微课堂、翻转课堂等都可以对现代汉语教学产生影响，促进现代汉语教学的变革。在"慕课"教学模式影响下，现代汉语教学可以完全根据学生的个人情况进行有针对性的学习，学生可以自主安排学习时间，有效地把线上和线下的教学结合起来，提升现代汉语课程的教学效果。而且，慕课教学模式可以解放课堂的时间，在课堂上学生与教师可以进行深入的探究，梳理现代汉语知识，充分发挥出慕课教学的价值和作用。慕课在现代汉语教学中的应用，直接促进了教学模式的变革，促进了我国现代汉语课程教学质量的提升。

（三）运用慕课教学模式存在的问题

1.缺乏即时互动

现代汉语作为一门语言学课程，在教学活动中教师需要通过抽丝剥茧的方式对相关知识进行讲解，此时学生所表现出的表情是教师对教学策略进行有效调整的信号灯。想要学生能够对语言现象进行确切的分析，并对语言进行恰当应用，就需要教师开展有效的语言示范以及引导。在传统教学过程中师生对话是十分重要的一个环节。可是在慕课模式下，虽然学生能够对问题进行回答与提出，教师也会对学生的问题进行解答，同时计算机也能够对学生的回答进行评价，学生之间也能够开展互动讨论，并通过计算机检测获得相应的反馈，但是师生之间缺乏良好的即时互动，不能获得面对面教学的效果，所以无法获得百分之百的教学成效。

2.影响实践能力的提升

现代汉语教学过程中所讲述的语言规律，是通过在语言事实中进行抽象以及归纳得到的。实践是理论的重要基础，而理论对实践具有指导作用。所以在对现代汉语进行学习的过程中，学生需要重视理论与实践的充分结合，利用所掌握的理论知识对自身实践进行有效指导。在面对实际生活中十分常见的语言现象时，依然能够拥有一颗好奇心，通过敏锐的感知力以及洞察力，在细微的实际生活中对语言现象的生成原因进行观察与思考，并对自身语言进行有效规范与约束。在传统教学的过程中，教师可以利用新鲜的现实生活语料开展教学，让学生能够产生共鸣，使其能够产生想要尝试的欲望，并在实践中对语言规律进行佐证，而同学之间可以对自身体验、收获进行分享，进而对所学知识进行深刻理解与巩固。所以说实践是对学生学习效果进行检验的有效手段。但是在慕课模式下，教学主要是通过视频完成的，学生在自学过程中通常都是自行对知识点进行理解与消化。即便学生产生了思维火花，具备进行即兴实践的欲望，可因为没有听众与观众只能作罢。遇到问题、疑问不能立刻提出并得到解决，缺乏开展语言实践的对比、观摩对象，没有良好展现自我的平台。所以理论对实践的指导无法得到落实，直接影响了学生实践能力的提升。

二、虚拟现实技术在现代汉语教学中的应用

（一）虚拟现实技术概述

1.概念

虚拟现实（Virtual Reality，VR）是利用计算机模拟产生一个三维空间的虚拟世界，给使用者提供关于视觉、听觉、触觉等感官的模拟，可以直接观察、操作、触摸、检测周围环境及事物的内在变化，并能与之发生"交互"作用，使人和计算机很好地融为一体，给人一种身临其境的感觉，可以实时没有限制地观察三维空间内的事物。

2.特征

虚拟现实技术有三个特征：沉浸性、交互性和想象性。

沉浸性指逼真的身临其境的感觉。使用者带上头盔显示器等输入设备后进入虚拟环境中，感觉十分逼真，跟置身现实世界一样。

交互性指用户与虚拟环境的信息交换，用户在虚拟环境中可以进行某些操作活动，虚拟环境会做出相应的响应，跟真实世界的反应一样，比如可以用手直接"操纵"虚拟物体，并且得到触觉反馈和力量反馈。

想象性指虚拟现实技术可以拓展人类的想象空间，让人任意构想不存在的或者未来的环境。

3.类型

按照沉浸程度和用户规模，虚拟现实技术主要包括四种类型：桌面虚拟现实系统、完全沉浸虚拟现实系统、增强虚拟现实系统和分布式虚拟现实系统。

桌面虚拟现实系统是用电脑屏幕呈现三维虚拟环境，通过三维鼠标、手柄、数据手套等进行交互，增加身临其境的感觉。使用者可能因受到现实环境的干扰而导致沉浸程度较低，但由于成本相对较低，应用广泛。

完全沉浸虚拟现实系统提供一个虚拟的感觉空间，使用者需要佩戴头盔式显示器等设备隔离现实空间进入这个虚拟空间，同时利用头部、身体的追踪装置、数据手套、声音设备等产生完全沉浸其中的感觉。但是完全沉浸虚拟现实系统的设备一般比较昂贵。

增强虚拟现实系统通过头盔式显示器，将计算机虚拟头像叠加在现实世界之上，它用于增强或补充人眼所看到的东西为操作员提供与他所看到的现实环境有关的存储在计算机中的信息，从而增强操作员对真实世界的感受。

分布式虚拟现实系统将虚拟环境运行在通过网络连接在一起的多台计算机或工作站上，位于不同物理位置的多个用户，通过网络对同一虚拟世界进行观察和操作，共享同一个虚拟环境和时钟，达到协同工作的目的。

（二）虚拟技术对现代汉语教学的影响

1.具有情境创设优势

虚拟现实的沉浸性、交互性特点与教学理论中的情境化学习、体验式学习的思想不谋而合，在教育领域有很大的应用潜力。其优势在于能够创设各种学科知识和实践技能的虚拟情境，适用于建筑、物理、医学、生物、语言等专业课程，实现情境化学习，有利于激发学习动机，有利于学生更好地理解课程内容，进行深入观察和分析。目前，虚拟现实技术已经初步在医学、体育、物理、旅游、语言等教育教学领域的实验、实训环节展开应用。美国 zSpace 公司是一家为虚拟现实教育提供解决方案的典型公司。zSpace 学习系统由一台单独电脑和虚拟现实显示器组成，并配备有触控笔，帮助学生操纵虚拟 3D 物体，增强学习体验。目前该公司已经与国内的北京汇文中学展开了合作，北京汇文中学的教师开始探索将虚拟现实技术应用于高中物理课程讲授。

2.提升了语音教学效率

目前，对外汉语教学的发展在国内外如火如荼。对外汉语教学和中国学生学习英语一样，都属于第二语言教学，而第二语言教学的关键点是语言情境的创设。早有学者指出，在对外汉语教学和英语口语教学中，可以通过虚拟现实技术营造虚拟的目的语社会的语言交际具体情境，但是这个想法目前还只是个概念，并不能实现。因为这种任务只有使用完全沉浸虚拟现实系统才能实现，而这种系统目前因为昂贵的价格距离实用还有很长的路。而且，利用虚拟现实技术创设语言情境并不是当前语言教学必须解决的难题，因为电影、电视以及到目的语社会实地学习等方法都能达到营造语言环境的目的。

倒是对外汉语教学中的语音教学，急需利用虚拟现实技术来解决教学难题。相比汉语词汇、汉语语法的学习和教学，汉语语音的学习和教学是最大的难点，主要体现在以下几个方面：

第一，有些中国教师自己都不知道有些元音和辅音、声母和韵母究竟是怎么在口腔、鼻腔中发出来的。教师为什么不知道？因为国内的教材有问题。一方面，国内现行的各种现代汉语教材在讲解元音和辅音、声母和韵母时，有些地方粗疏模糊，甚至不正确。大部分高校使用的黄伯荣、廖序东主编的《现代汉语》教材上，单个辅音没有给出发音示意图，韵母部分的复元音韵母和鼻辅音韵母也没有发音示意图。该教材在讲到 an、en、in 的发音时说："先发元音，紧接着软腭逐渐降下来，增加鼻音色彩，舌尖往上齿龈移动，最后抵住上齿龈发 n，整个韵母发音完毕才除阻。"而这几个音的实际发音过程中舌尖并不必须抵住上齿龈。发 an、en 时舌尖可抵住上齿龈，也可接近上齿龈；发 in 时舌尖则完全不接触上齿龈。另一方面，《汉语拼音方案》是为母语是汉语的中国人设计的，所以其拼写有很多地方是不准确的，不符合实际发音情况。例如，in 的实际发音等于 i+en，iong 的实际发音等于 i+eng，ong 的发音其实和 ueng 一样，zhong 等于 zhueng，等等。教师在学了这样的教材后，其实并没有搞清单个声母、韵母究竟是怎么发出来的。自己都没搞清，自然教不好学生发音。

第二，发音过程中舌头在口腔中如何运动，舌头的哪个部位在动，运动的起点和终点在哪儿，声带状态是什么样等内容没法直接观察到，只能靠师生去揣摩，有时甚至是猜测。事实上，有些发音部位相近的音会有细微的差别，但是师生都没法跑到口腔内部去观察清楚舌头究竟是怎么运动的。在这种情况下，留学生根本不知道舌头如何运动，教学效果自然很差，因而显得语音难学。

第三，教学方法不直观。目前语音教学常用的方法有教具演示、展示发音部位图、手势模拟、直观演示等。这些方法的本意是演示发音部分和发音方法，但是对于发音部位处于口腔内部靠后的音或者依靠舌头后部运动发出的音，比如 u、o、e、j、q、x、g、k、h, ng，其实都做不到直观展示。只对 a、o、i 那些从嘴巴外部就能观察的音有效。

综上所述，由于发音时口腔内部的舌头运动状态、过程和轨迹，在口腔外难以被肉眼直接观察到，汉语教师和留学生都没法清楚了解发音时舌头是如何细微地运动的，导致教学效率低下。这一难题，利用虚拟现实技术有望解决。一方面，虚拟现实技术能够构建一个逼真直观的三维虚拟口腔和舌头，使得学生打破空间的限制，进入口腔内部观察发音过程。另一方面，这个问题依靠桌面虚拟现实系统就可以解决，设备要求不高、价格不贵，具有很大的可行性。

首先应该建立虚拟发音环境，包括鼻腔、口腔、舌头和吞腔，技术允许的话最好包括声带和喉头，具体方法可以参考口腔医学三维模型的建立。然后采集真人朗读每一个汉语声母和韵母时的口腔空间变化数据、舌头运动轨迹数据和声音的物理数据，将其整合到虚拟发音环境中，形成虚拟发音过程。

语音虚拟学习系统建成后，学习者可以操纵触控笔，观察虚拟3D发音过程，或者带上头盔显示器，化身为缩小版的"孙悟空"，在虚拟的口腔中任意穿行，观察审视每一个元音、辅音、声母、韵母发音时舌头、小舌、声带的运动状态，细致入微地了解每一个音素的发音部位、发音方法和发音过程，比较两个相似的音在发音部位和发音方法上的细微差别。这样原来不能呈现的发音器官及其内部结构以及它的相关信息数据完全被呈现出来，突破了语音教学在空间上的限制，可以从多部位多视角观察、重复、再现发音过程，具有灵活、高效、经济的特点。同时，三维的展现形式、亲身的体验使学生印象深刻，增加学生的学习兴趣。

这样的语音虚拟学习系统不但可以用于留学生语音学习的发音、辨音操练，还可以用于培训汉语教师，有助于汉语教师语音理论知识的学习和验证，一定会大大提高对外汉语语音教学以及其他第二语言语音教学的效果。

三、新媒体技术在现代汉语教学中的应用

（一）新媒体技术在现代汉语教学中的优势

科学技术不断发展的当今社会，新媒体技术也成为教学改革的重要手段之一。新兴传媒传播的信息是社会变迁的晴雨表。新媒体作为信息载体，蕴藏着丰富的资源，内容贴近社会实际，不仅能够激发学生的学习热情，还能够激发教育工作者的创新能力。利用新媒体技术将现代汉语教学资源加以有效的整合利用，能够促进现代汉语教学的进步，实现教学与实际相结合的目标。

1. 蕴藏着丰富的资源

新媒体是信息的载体，大量信息通过新媒体的传播，很快融入人们的社会生活。在现代汉语教学过程中，同样需要大量的信息和资源，而新媒体正好可以弥补现代汉语教学的不足，为现代汉语教学提供大量的社会资源和信息。新媒体能够反映出当今社会日新月异的变化，时事政治、社会万象等大量信息中都蕴藏着丰富的资源，通过新媒体的传播，人们可以时刻了解社会发展动态。一些新兴词汇的出现，可以为现代汉语教学与研究带来新的生机，在教学过程中通过分析这些新兴的内容，来体现学习现代汉语的精髓与实质，能促进现代汉语的丰富和发展。

2. 使用方便快捷

当前，新媒体的使用也越来越大众化。手机已经成为大学生必不可少的生活用品，电脑也是大学生的标准配置。收发短信、语音视频、网络追剧、微博讨论都已经融入大学生的日常生活。在此过程中，不仅有大量的信息传递、情感的交流、感情的抒发，还有语言的多元多质、丰富的语言技巧和鲜明的语言特点。因此，新媒体不仅拉近了人与人、人与社会之间的联系，在课堂上，也增强了现代汉语的实践性。而且，新媒体技术运用简单，操作方便，信息量大且传播迅速，而且新媒体技术可以将文字、语言、画面有机结合起来，能够有效转变现代汉语课程教学模式，提高教学成效。

3. 在教学中具有实用性

在现代汉语教学过程中利用新媒体能够实现全方位的教学目标。语言学习包括语音、词汇、语法三要素，在现代汉语教学过程中，也要注重这三方面的联系。将现代汉语与新媒体相结合，能够促进学生对现代汉语的掌握和运用能力。例如：拼音输入法可以训练学生的普通话；韵文的学习和运用能够提高学生的语言使用技巧；联想输入法能够促进学生的想象力发展，为现代汉语注入活力。利用新媒体播放影视作品、流行歌曲等，都能体现出现代汉语的魅力。新媒体还能够将汉语使用过程中出现的问题用最有效的方式展现出来，使学生印象深刻。

（二）基于新媒体技术的教学资源整合和利用

新媒体与现代汉语教学相结合能够提高学生的兴趣，也能提高现代汉语的实用价值。那么，怎样将新媒体技术与现代汉语教学有机地结合起来呢？在不破坏课堂秩序的情况下，提高现代汉语教学效率是一项重要课题。我们要大力推进信息技术在教学过程中的普遍应用，促进信息技术与学科课程的整合。新媒体与现代汉语教学资源的整合也有重要的实践意义。

1. 积累和筛选教学资源

积累和筛选是教学资源整合的前期准备工作。在新媒体时代，教学资源具有多样性，所以，教师要在丰富的资源中进行筛选，因为并不是所有的内容都适合用于教学。因此，教师在课前需要对有效资源进行筛选然后积累。大量的资源收集到一起，并不是简单的堆积，还需要整合。对教学资源进行整合的方法有多种，一般形式有重新组合、技术分类、科学改编等。现代汉语教学需要更多的具有时代特色的内容，所以在准备教学前，教师可以将收集到的资源进行科学改编，使教学内容更加适用于课堂教学。组合、分类、改编都是现代技术的一部分，将新媒体技术与现代汉语教学资源有效结合，不仅凸显了新媒体技术的优越性，也能表现出现代汉语的独特魅力。

2. 生成和构建课堂资源互动

在现代汉语教学过程中，课堂互动是提高教学效率的有效方式之一。在新媒体技术的支持下，课堂上教师通过运用新媒体，让学生更加热爱现代汉语学习。例如，通过播放新闻联播中所报道的国际或国内时政、社会热点等，展开讨论。在此过程中，不仅训练了学生的逻辑思维能力，还训练了学生的语言表达能力，而且在播放新闻联播的过程中，学生也可以听到最标准的汉语。运用来自社会和媒体的鲜活语料，虽然能够激活课堂气氛，但还是有一定的负面作用。例如，对于中性的社会话题，在讨论过程中就会产生较大的分歧，虽有运用价值，但是对于这种资源的把握难度较大，教师要善于分析其价值并且利用有效方式进行总结和阐述。

3. 练习与实践相衔接

语文学习的外延等于社会生活的外延。因此，课后演练是对新媒体时代汉语教学的实践。现代汉语教学不能拘泥于课堂，而是要开阔视野，激发创新能力。精心设计课外教学活动，利用教学资源，通过运用新媒体，开展丰富的交流与竞赛活动，是鼓励学生亲身参与现代汉语实践的有效方法。通过快速打字、朗诵、写作竞赛等活动，都能够加强学生的实际操作能力、巩固知识并且提高技能。还可以在户外将现实的教育资源与新媒体结合运用到现代汉语教学过程中。例如，户外风景如画，可以用图配文的形式把画面转换成语言，更能体现出现代汉语的实际应用价值。

新媒体时代现代汉语教学资源的整合和利用，旨在将现代汉语课程教学活动的资源最优化，它包括课前准备、课中实施以及课外活动等环节。与传统教学相比，新媒体时代的现代汉语教学具有很大的优势和特点，但我们也不能否认传统教学中的优点，传统教学中凝聚了许多专家学者的思想智慧，是长期科研与实践的成果。传统教学资源的最大特点就是严谨、权威、准确。因此，在科学技术不断发展的今天，我们既要保留传统教学中的精华部分，又要充分发挥主观能动性，借助新媒体技术，将传统教学资源与创新的教学资源加以有效整合，使现代汉语教学能够与时俱进，凸显现代汉语教学的重要性，彰显现代汉语的深刻内涵和独特魅力。

第四节 网络语言对现代汉语教学产生的影响

随着网络的发展，网络语言逐渐发展、壮大和流行起来。这对现代汉语的存在和发展来说是一个不小的打击，当然也为其提供了可以利用的机会。我们都需要正确使用网络语言，并且正确认识网络语言对现代汉语教学的影响。只要好好利用网络语言对现代汉语的积极影响，避免其不利影响，使现代汉语不断吸收网络语言的精华，就能促进现代汉语的发展。

一、网络语言的主要特点

随着网络的发展，网络上出现的语言也越来越丰富多样。在网络环境下，语言不断更新，各种各样的新语言充斥着网络。网络语言包括许多来自外国的语言，比如英文缩写、专业所属语言、学术用语，以及英文字母加上汉字的组合。英文字母可以在汉字的前面，也可以在汉字的后面。网络语言来自各种各样的渠道，包括方言、普通话、外语等。比如我国台湾和香港地区流行的一些称谓出现在网络上，并逐渐成为网络的热门语言。还有一些语言来自热门小说或者文章。

网络语言是以其传播媒介网络来命名的，正如其他语言样式并不仅仅决定于呈现方式一样，其特征不仅体现在独特的载体上，更决定于它独特的语言特点。网络平台赋予的虚拟即时交流性、开放性、自由性决定了网络语言不同于其他领域使用的语言。

（一）形式多变

网络技术日趋成熟，网络语言的形式也变得多种多样，不拘一格，各种文字和符号交叉使用。这不仅使毫无生气的机械交流变得充满幽默感，而且也使交流变得更加简便与快捷。从总体上看，网络语言有如下几种形式。

1. 符号

在网络交流中，人们常常使用一些"面部表情"来表达自己的喜怒哀乐。这些"面部表情"是一个个常用字符组成的画，形似一张脸。

2. 数字

在日常的社会生活中，正常的阿拉伯数字在网络语言的体系中都能代表新的意思。如："88"表示拜拜，"9494"表示就是就是，"13145156"表示一生一世无忧无虑，"55555"表示哭声，"8147"表示不要生气。这些语言不仅输入方便，而且诙谐幽默，又为网络交流提供了便利。

160

3. 缩写

为了加快交流速度，网友往往把一些常用的、较为固定的语言单位，取其汉语拼音词语的首个字母合成缩略代码，如 GG（哥哥）、JJ（姐姐）、MM（美眉，即漂亮妹妹）、GXGX（恭喜恭喜）等。

4. 混合用语

网络是覆盖全世界的交流平台，世界各地的人都可以在互联网上找到一个站点，不同的人用不同的语言在网络上进行交流，必然导致网络交流中语言的混用现象。如："你真COOL"——你真酷，"拍MP"——拍马屁，"51JOB"——我要工作，"3X"——THANKS（"谢谢"的意思）。

（二）语言创新

网络是一个在推崇个性、追求方面走得有点极端的世界，它为网民提供了充分发挥想象力和创造力的最自由的空间，这种空间因缺少了传统社会生活中无所不在的"监督"而显得更加自由、更加珍贵。同传统的书面语言相比较，网络语言由于减少了外来的束缚，发挥了作者的自由个性，往往在构思上更为巧妙，语出惊人，从而最大限度地反映出每个人在语言上的创造力。这种创新性主要体现在语言和语法两个方面：一是对已有词语的变异使用及新词新语的创造，二是对常规语法的突破。如："恐龙"原指外形奇特的史前动物，网络语言中则指相貌丑陋的女性网民；"青蛙"是指网上的男性公民。这些词语都是对已有词语的变异使用。还有一类是在网络中形成的新词语，如"菜鸟"指初上网的新手，"东东"意指"东西"。这些词语在普通话中是没有的，至少没有这样解释的，而在网络中却已习焉不察。构成网络新词语的词素大多是语言中固有的，它们利用仿拟、飞白、比喻、谐音、拟人等手法构成新词。除在构词法上的随意组合、任意搭配外，网络语言在句式的选择上也常常"冒传统语言学天下之大不韪"。如常采用港式语法的说法，像"难过得死掉了""走先（先走）"等。

（三）风格诙谐幽默

当前，青少年以及一些"80后"或是"90后"的作家是网络语言的最积极使用者。他们思想活跃，不受旧的思想的束缚，接受新事物的能力强，喜欢创造新事物，更喜欢尝试新鲜事物，追求新的语言表达方式，他们将网络语言运用得淋漓尽致。如：

　　"抢沙发，没有沙发，抢板凳"，指第一个给别人发帖子的就是抢到了沙发，如果第二个给对方发帖子就是抢板凳。

"闻到死酒屋",指 WINDOWS95 的谐音,又称"瘟 5";还有"瘟酒吧",指进入新世纪,电脑系统更新得特别快,甚至有垄断的趋势,网络使用者对它有一种亲切的感觉,但似乎又有一种无奈的情绪。

"伊妹儿",指电子邮件,来自 E-MAIL,也可以称为妹儿,电子邮件的传输速度较以往的普通信件有很大的优势,其中含有亲昵的语气。

上述的网络用词都是利用同音来表达某种诙谐的语气,它们形象生动,趣味十足。网络上的交流,人人面对着冰冷的电脑,缺乏面对面的那种情感。诙谐幽默的网络语言给这种冰冷的交流带来了生机和活力,创造了一种虚拟的活泼语境,使原本枯燥的乏味的网络交流变得轻松愉快而富有人情趣味。网络交流中那种宽松的语境,往往会被网虫运用到现实的社会交往之中,从而在一定程度上影响着现代汉语。

二、网络语言对现代汉语教学的影响

(一) 有利影响

在网络上比较热门的语言反映了人们的实际生活,也是社会状况的一种真实的映照。网络语言不仅有利于我们更加便捷地交流和沟通,还有利于现代汉语的发展。

1. 网络语言使得现代汉语更加丰富多彩

汉语在网络中变化而形成网络语言,可以说网络语言是现代汉语的延续和发展。网络语言具有不一样的词语构造方法,这在一定程度上威胁着传统意义上的汉语的权威地位,使得汉语朝着更加现代化的方向发展,并且要合理吸纳这些网络语言。网络语言的出现和发展,对于现代汉语来说是一次难得的机会,也是现代汉语提升和扩展的良好途径。网络语言的发展补充了现代汉语的词语库。语言科技的发达、网络技术的日益更新、网络语言的花样百出促进了现代汉语语言的更新,传统的语言结合带有新生力量的网络语言,使现代汉语的语言体系更加完备。

2. 网络语言有利于促进现代汉语进行积极的变化和改革

在如今的社会中,每个人都想发展自己的个性,网络语言不断推陈出新,给传统意义上的汉语提供了机会,推动其进行改革。网络语言在于一个"新"字,它在不断地更新和发展,这不单单挑战了传统意义上的汉语,更为改变和发展汉语提供了契机,使得现代汉语走上符合时代发展要求的道路。

3. 网络语言的幽默增强了现代汉语的现代性与幽默感

追求幽默是网络语言的重要目标，现代汉语的幽默性似乎不及网络语言，汉语的严谨性在书面语中表现得最为突出，大到每个句子，小到每个短语，都有一定的语境，只能在这一语境中才能表达出所要表达的意思。而网络语言的幽默性随时都能体现，使严谨的汉语有了新的气息。同时，网络语言能够帮助人们缓解巨大的压力，舒缓紧张的情绪，同时给现代汉语的发展创造了积极的社会氛围。

4. 网络语言的兼容性突显了现代汉语的发展方向

现在，网络语言的发展趋势正如"五四"时期北京大学传承了"兼容并包"的优良传统，吸收了各种语言，糅之而用。现代汉语的吸纳性似乎不如网络语言，有新生的语言但是不多。

5. 网络语言使现代汉语更加简易化

现代汉语的发展是建立在传统文化基础上的，不可避免地传承了许多难、偏、异形汉字，这在人们识字的阶段造成了不小的麻烦。网络语言追求的是简洁，几乎没有什么难懂的字词，这在一定程度上促进了现代汉语语言的简易化进程。

（二）不利影响

网络语言不仅对现代汉语造成有利的影响，还会对其造成不利的影响。

第一，网络语言对现代汉语原本的意思进行了改变，甚至是歪曲了原本的意思，这就使得越来越多的人难以对现代汉语形成正确的理解。网络对语言具有不一样的解释，而且变得越来越流行，人们就越难认识这些语言原本的意思。网络语言在人们生活中的使用频率越来越高，人们逐渐习惯使用这些网络语言，从而对现代汉语本身的意思形成错误的理解。

第二，某些网络语言在使用和流行的过程中，不仅会改变语言，还会改变读音，从而改变人们以往的现代汉语的使用习惯。虽然说网络语言为现代汉语的传播创造了机会，但是一旦没有抓住这个机会，甚至没有把这个机会使用得当，都不利于现代汉语的顺利传播。随着网络语言越来越受到人们的追捧，越来越多的人都习惯于使用网络语言，而抛弃了现代汉语的正规使用方法。网络媒介已经成为如今信息传播的主要途径，网络语言传播得越来越快，这就把现代汉语的传播逼进了死角。如今网络使用者大部分都是青年人，他们正处于高等教育和专科教育的年龄，他们应该受到正规的汉语教育，但是网络语言的大肆传播却成为现代汉语对学生进行正规教育的一大障碍。

第三，网络语言毕竟不是大众化语言，毕竟没有在全社会流通，还有很多人无法理解其中的深奥内涵，将其用于日常交流往往会使对方一头雾水。在人与人的社会交往中，假如别人对你说"中国很强大"，你回答"9494"，不了解其意思的人听了就会"丈二和尚——摸不着头脑"了。不经常上网的人怎么可能知道"9494"的意思是"就是就是"。

第四，网络语言的盛行使现代汉语失去了语言的音乐性与字词的严谨性。现代汉语语法结构相当严谨，每一个句子都能找到与其相对应的语法结构，每一个短语乃至字词也是这样。现代汉语的语言追求音乐美，讲究词的搭配与相互关系，句与句之间往往存在着某种联系，这些联系往往决定了句子之间的意思与思想，而且有些句子结构工整，搭配得很巧妙，足以体现现代汉语的音乐美。网络语言在现实生活中运用得十分随意，似乎只要幽默简洁即可，根本不关心是否符合语法规范，是否能够被大家接受。就这样，现代汉语的语法体系受到了严重的挑战，传统的语法学受到了威胁。

第五，网络语言的随意性与多变灵活性及多种语言的混用，导致了现代汉语语音方面陷入了极大的窘境。网络语言相当混杂，有各种符号的杂用，又有数字与汉字的混用，这导致没有固定的拼音能表示这些混用的语言。

网络语言对现代汉语造成积极的影响，也造成消极的影响。为了促进网络语言的发展，同时推动现代汉语的进步，我们需要发挥网络语言的积极影响，避免它对现代汉语造成的消极影响。网络语言存在的时间比较短，但是却在这么短的时间内发展得这么迅速。所以，网络语言并不会突然消失或者萎靡，而是不断发展和进步。网络语言会变得越来越丰富，其含义会越来越多样。随着网络的发展，使用网络语言的人会越来越多，对各个阶层的影响也越来越大。因此，我们不需要对网络语言设置严格的界限，甚至抵触这些网络语言，而要利用这个工具去促进现代汉语的发展。

文化就像一条河流，不断有新的水流进入，才会保持其生命力。没有什么语言会一成不变，现代汉语也不例外。随着网络的普遍使用，网络语言也发展得越来越快。网络语言跟我们的生活之间的关系越来越紧密，在工作和学习中也体现出越来越大的优势。网络语言对现代汉语造成了一定的影响，在网络语言的影响下，现代汉语只有好好利用它对自己的积极影响，才能够促进自身的发展。

（三）网络语言规范化

当前，网络语言成了网上交流表达的真实写照。网络语言中的另类语言和另类表达，冲击和颠覆着既有的语言规范，并正在进入现实社会和日常应用之中，不可避免地会引起混乱。因此，单纯拒绝网络语言是不明智的，那么这就需要我们对其进行一定的规范，以保证现代汉语的健康发展。

规范化的网络语言应该具备如下特点：

1. 多样化

语言是用来交际的，规范不能限制交际。网络语言的出现是因为它满足了网民减少语言障碍、上网方便的需要。所以无论是字母、数字、图片或其他什么形式多样的表达方式，因其方便、快捷而得到了大家的认可，并逐渐成为约定俗成的网络语言。而随着网络的迅猛发展，它对现实生活的影响也是显而易见的，这些另类语言也在都市人生活中大行其道，成为生活用语的一部分。

而语言的多样化也是生活的需要。记得关于曾经出任中国国家男子足球队主教练的荷兰人的名字到底应该翻译成阿里汉，还是阿里·哈恩，在中央电视台体育频道上，一些记者为此争得不亦乐乎，都为自己的说法找理由，都说自己的翻译是一种规范的译法。直到今天，我们看到不同的媒体在报道有关中国国家男子足球队的消息时，仍是各自为政，不过，这并没有影响观众，特别是球迷对中国国家男子足球队的关注，也没有看到有谁在为名字的事而争论了。

2. 要有生命力

语言要发展，就不能一成不变。《中国网络语言词典》的主编、教育部"新词新语规范基本原则"的第一负责人于根元教授说："语言系统如果只有基本词，永远稳稳当当，语言就没有生命力可言。语言在发展，语言也需要规范，但规范是要推动发展，限制了发展的不是规范。"其实，规范语言，关键是看它是否具有生命力。语言是变化的。当初，一些所谓"舶来品"，如"沙发""坦克"等语言，从出现之初，有人反对，大声疾呼纯洁"国语"，到逐渐被大众接受，以至于现在没有多少人认为它们是外来词语，更没有谁对它们是否规范提出疑义。人们对于一种通信工具——移动电话，开始叫"大哥大"，到现在统一称其为"手机"，而且，后者也成为一种规范的语言表达，可见汉语一直处于丰富发展中，发展推动了规范。

近些年，网络上冒出的语言主要取决于它自身的生命力。网络语言的迅速传播说明其有存在的道理，流行的趋势已得到了社会的公认，并且对社会产生了一定的影响。据有关部门保守统计，改革开放以来，平均每年产生800多个新词语。权威的《现代汉语词典》1996年修订时，增收新词条5000多个。有人统计出近20年来最流行的50个词语，诸如托福、跳槽、年薪等，先前人们对这些词语是闻所未闻的。随着 IT 产业的蓬勃兴旺，网络语言成了标新一族。如果这些充满活力的网络语言能够经得起时间的考验，约定俗成后我们就可以接受。社会对一个新词语有必然的认知过程，词语自己也有一个成长、衰落的生长周期，如果那些充满强大生命力的新新语言经得起时间的考验，肯定会被更多人接纳，反之就会被淘汰或黯然消失。

3. 要有人情味

互联网是高科技，越是高科技的东西就越得有人情味。现在流行的网络语言不少都表现出诙谐幽默、形象逗趣甚至调侃的特点，充满人文色彩，被众多青少年认同并广为传播。面对纷繁复杂的社会，他们感觉这样简捷的表达方式更具有人情味，带来了许多"一本正经"所没有的乐趣，让人有一种轻松感。网络语言是一种可以体现现代人生存状态和思维状态的新语言，它的出现在语言史上具有划时代的意义。

参考文献

［1］ 王泽龙，钱韧韧.现代汉语虚词与新诗形式变革 [J].中国社会科学，2014（9）：146-161.

［2］ 王仁强，周瑜.现代汉语兼类与词频的相关性研究：兼评"简略原则"的效度 [J].外国语文，2015，31（2）：61-69.

［3］ 张坤丽，昝红英，柴玉梅，等.现代汉语虚词用法知识库建设综述 [J].中文信息学报，2015，29（3）：1-8.

［4］ 张能甫.关于现代汉语词汇历史层次研究的一些思考：以现代汉语词语中的 W 字头的词或词组为例 [J].西南科技大学学报（哲学社会科学版），2012，29（6）：46-56.

［5］ 胡承佼.意外范畴与现代汉语意外范畴的实现形式 [J].华文教学与研究，2018（1）：58-69.

［6］ 李水.近十年现代汉语拟声词研究的新动向（2008—2018）[J].云南师范大学学报（对外汉语教学与研究版），2018，16（3）：55-60.

［7］ 刘悦怡，宫齐.现代汉语歧义类型的再讨论 [J].暨南学报（哲学社会科学版），2020，42（5）：24-32.

［8］ 李琰.现代汉语课程思政的适切性及现状分析 [J].湖北开放职业学院学报，2020，33（18）：80-81.

［9］ 戚晓杰.现代汉语教材编写应重视标点符号及其运用 [J].中国大学教学，2020（6）：86-93.

［10］ 周莹，李明晶.现代汉语体貌系统研究述评 [J].汉字文化，2020（21）：54-58.

［11］ 郝锐.现代汉语历时演变视角下"到底"的使用与发展 [J].宁夏大学学报（人文社会科学版），2020，42（4）：17-27.

［12］ 何伟，滑雪.现代汉语"是"字的功能研究［J］.外语学刊，2013（1）：51-59.

［13］ 张明辉，尹宝玉.现代汉语词类划分标准问题研究述评［J］.辽东学院学报（社会科学版），2017，19（2）：87-91.

［14］ 唐厚广，顾龙飞.有关现代汉语基本词汇的几个问题［J］.语言研究，2017，37（2）：17-23.

［15］ 汪国胜，王俊.从轻动词角度看现代汉语离合词［J］.华中师范大学学报（人文社会科学版），2011，50（2）：101-105.

［16］ 朱一凡.现代汉语欧化研究：历史和现状［J］.解放军外国语学院学报，2011，34（2）：7-11.

［17］ 钱韧韧.现代汉语诗歌语言的研究现状与思考［J］.湖南大学学报（社会科学版），2014，28（1）：114-118.

［18］ 刁晏斌.试论"当代汉语"［J］.河北师范大学学报（哲学社会科学版），2014，37（1）：99-111.

［19］ 华玉明.现代汉语动词的形态及其特点［J］.语文研究，2014（3）：47-52.

［20］ 张豫峰.英语语态观与现代汉语语态研究［J］.学术研究，2014（8）：152-160.

［21］ 孙鹏飞.现代汉语形容词谓语句研究综述［J］.宁夏大学学报（人文社会科学版），2015，37（6）：25-31.

［22］ 房日亮.古代汉语教学应充分联系现代汉语［J］.科技风，2019（33）：58-59.

［23］ 刘中富.现代汉语词汇特点初探［J］.东岳论丛，2002（6）：138-142.

［24］ 曹起.新时期现代汉语变异研究［D］.长春：吉林大学，2013.

［25］ 吕文杰.现代汉语程度范畴表达方式研究［D］.长春：吉林大学，2013.

［26］ 盛译元.美国高校汉语教材研究［D］.北京：中央民族大学，2013.

［27］ 刘岩.现代汉语运动事件表达模式研究［D］.天津：南开大学，2013.

［28］ 蒋向勇.现代汉语缩略语的认知研究［D］.长沙：湖南师范大学，2014.

［29］ 朱晓琴.现代汉语书面语教学研究［D］.苏州：苏州大学，2014.

［30］ 吉益民.现代汉语主观极量图式构式研究［D］.扬州：扬州大学，2016.